Dépôt légal - 3ᵉ trimestre 2017

Bibliothèque et Archives Nationales du Québec, 2017

Bibliothèque et Archives Canada, 2017

© Presses Panafricaines, juillet 2017

ISBN : 978-2-924715-06-2

Montréal - Canada

www.presses-panafricaines.com

infos@presses-panafricaines.com

Youssou GNINGUE

Approche stratégique vers les États-Unis d'Afrique

PRESSES
PANAFRICAINES

Collection **Demain l'Afrique**

Approche stratégique vers les
États-Unis d'Afrique

TABLE DES MATIÈRES

DÉDICACE   11

PRÉFACE   13

AVANT-PROPOS   17

Partie 1 : Introduction à la théorie de jeux

1 / LA THÉORIE DES JEUX   23
   1. Définition de jeu   23
   2. Caractéristiques de jeux   24
   3. Jeux de société et de sport   27

2 / JEUX NON COOPÉRATIFS   35
   1. Jeu non coopératif   35
   2. Stratégies   36
   3. Équilibres et Stratégies optimales   39
   4. Production de coton des pays africains   42

3 / JEUX COOPÉRATIFS   49
   1. Jeu coopératif   49
   2. Équilibres et Stratégies   50
   3. Le jeu de vote   56
   4. Jeu de la diplomatie des pays africains   58

4 / LE PARTAGE DU POUVOIR   61
   1. Coalitions et relations internationales   62
   2. Valeur de Shapley   65
   3. Représentation en Afrique de l'Ouest   67

Partie 2 : Fédération des États africains

5 / FÉDÉRATION AFRICAINE   73
   1. Conditions de mise en place de l'État   75
   2. Schéma du processus de fédération   79
   3. Les cinq États régionaux   82
   4. L'État d'Afrique   88
   5. Inversion migratoire vers l'Afrique   89

6 / REPRÉSENTATIONS DANS LA FÉDÉRATION   93
   1. Types de pouvoirs   94
   2. Règles de représentation au niveau législatif   96
   3. Représentations législatives par région   100
   4. Processus d'élections législatives   107
   5. Représentation globale   108

7 / LES DÉPENSES MILITAIRES   111
   1. Dépenses militaires en Afrique   113
   2. Réduction des dépenses militaires   122

8 / MONNAIES ET FINANCES   125

    1. Fonds de décollage économique   125

    2. Banque d'investissement de la diaspora   129

    3. Intégration financière africaine   130

    4. Système monétaire africain   134

    5. La monnaie unique   138

9 / LES PRODUITS DE BASE   145

    1. Économies africaines et produits de base   146

    2. La filière du cacao   147

    3. Coopérations de pays africains   150

    4. Fédération et plan d'Arusha   153

10 / CULTURES, LANGUES ET ÉDUCATION   159

    1. Cultures et langues   160

    2. Éducation   166

    3. Rôle et place des sociétés   172

11 / FÉDÉRATION ET OMD   175

    1. Réduction de l'extrême pauvreté   176

    2. Éducation   177

    3. Parité   179

    4. Réduction de la mortalité infantile   180

    5. Meilleure couverture sanitaire   182

    6. HIV-Sida et autres maladies endémiques   183

    7. Bonne politique environnementale   184

    8. Bon partenariat pour le développement   186

    9. Conclusion   187

12 / ÉTAT VIRTUEL D'AFRIQUE   189

   1. Les différents sous-jeux   191

   2. Conception du site   197

   3. Simulation informatique   199

   4. La marche vers l'État fédéral   201

ABRÉVIATIONS ET ACRONYMES   205

RÉFÉRENCES BIBLIOGRAPHIQUES   207

DÉDICACES

Je dédie cet ouvrage à mon épouse, Mariama Ndiaye, à mes enfants, à toute ma famille élargie, à toute ma belle-famille, à tous mes amis et amies

REMERCIEMENTS

Je remercie tous mes collègues et étudiants du département de Mathématiques et d'Informatique de l'UCAD (Sénégal) ainsi que mes collègues de l'Université Laurentienne (Canada)

Mes remerciements également à tous ceux ou celles qui ont facilité par leurs conseils et leurs supports la confection de ce livre, notamment : Pr Abdou Salam Sall, ancien recteur de l'UCAD, 2003-2010 et Pr Salimata Gueye Diagne, mon amie et collaboratrice de recherche au département de Math (UCAD).

PRÉFACE

Cet ouvrage du Professeur Youssou GNINGUE, intitulé « Approche stratégique vers les États-Unis d'Afrique », met en relief des questions anciennes ou nouvelles qui constituent le cœur même du débat sur les conditions de l'émergence et de l'intégration africaines ; notamment la fédération des États africains, les dépenses militaires en Afrique, les finances, la monnaie, le commerce des produits de base, l'éducation, les cultures et les langues africaines.

Ces thèmes qui alimentent une littérature abondante depuis le temps des pionniers du panafricanisme, continuent de faire l'objet d'échanges passionnants, à la limite de la controverse, au sein de l'Union africaine alors que les problèmes qu'ils soulèvent restent encore, pour l'essentiel, sans solution consensuelle.

En outre, ce livre paraît dans un environnement mondial marqué par de profondes mutations. Plus que par le passé, la vitesse, l'audace et l'imagination créatrice conditionnent aujourd'hui le succès des Nations. Le phénomène inéluctable de la mondialisation, l'« accélération du réel » grâce aux Technologies de l'Information et de la Communication, la compétition économique effrénée et de la constitution de grands ensembles font partie des paradigmes nouveaux qui déterminent le présent et l'avenir des individus et des peuples.

À l'échelle des États, cette dynamique de rupture engendre un bouleversement de l'« ordre établi » et une

« redistribution des rôles » avec l'émergence de nouvelles puissances. Face aux contraintes de l'économie globale et aux nouvelles réalités géostratégiques, les États et regroupements d'États s'ajustent et s'adaptent. L'Europe continue de s'organiser autour de l'Union européenne, alors que l'Association des Nations du Sud-Est Asiatique, le MERCOSUR (Marché Commun du Sud), en Amérique Latine le CARICOM (Marché Commun des Caraïbes), et enfin l'ALENA (Accord de Libre Échange Nord-Américain) regroupant le Canada, les États-Unis d'Amérique et le Mexique offrent à leurs membres des espaces vitaux de coopération et d'échanges.

Dans ce tableau de grands ensembles, aucun pays africain ne peut prétendre à une place. Voilà pourquoi nous, Africains, devons impérativement réaliser notre intégration économique et politique si nous voulons éviter à nos États et à notre continent une marginalisation irrémédiable. Du reste, avec ses formidables ressources humaines, qui atteindront bientôt un milliard d'habitants, et ses immenses richesses naturelles, l'Afrique est potentiellement un géant qui peut compter sur ses propres forces pour réaliser les conditions de son émergence et prendre en charge son propre destin.

Dans cette quête d'un destin solidaire et partagé, il nous faut également faire appel à notre imagination créatrice et sortir des sentiers battus pour trouver des solutions novatrices à nos problèmes. Tout dans l'évolution du monde indique que nous ne pouvons plus faire du « *business as usual* » face au défi du troisième millénaire.

La recherche de solutions crédibles et innovatrices pour assurer les conditions de notre survie individuelle et collective nous engage donc tous et ne devrait laisser personne indifférente. Elle ne peut être l'apanage des gouvernants, leaders politiques, intellectuels, hommes et femmes de culture ou simples citoyens, nous sommes tous concernés.

En publiant cet ouvrage, le professeur Youssou GNIN-GUE a le mérite de contribuer à la dynamique historique du panafricanisme et de rappeler la responsabilité qui nous incombe, en tant qu'Africains soucieux du devenir de notre Continent, d'œuvrer à son intégration.

Puisse la lecture de son livre inspirer les générations actuelles et futures.

Abdoulaye WADE
Président de la République du Sénégal
(19 mars 2000 – 25 mars 2012)

AVANT-PROPOS

L'objectif de ce livre est de démontrer au lecteur que le principal intérêt ainsi que la meilleure stratégie de l'Afrique résident principalement dans sa mutation en un État fédéral. Divisé en deux principales parties, ce livre met en place les bases pour une application de la théorie des jeux dans le contexte de la géopolitique africaine.

Partie 1 : Introduction à la théorie des jeux

Cette première partie introduit les concepts et définitions liés à la théorie des jeux illustrés par des exemples tirés du contexte africain. Elle produit ainsi une lecture africaine de la théorie des jeux et constitue une des principales originalités de cet ouvrage. Compte tenu de son orientation de vulgarisation, nous avons évité un formalisme mathématique très poussé.

Le premier chapitre fournit la définition et les caractéristiques d'un jeu. Les jeux de société et de sport sont fournis comme exemples. D'ailleurs, la notion de jeu est une généralisation de cette catégorie. Les exemples puisés dans la culture africaine fournissent dès ce premier chapitre une coloration africaine à cette théorie économique et mathématique. En guise de préparation pour la deuxième partie, les relations internationales sont par la suite introduites comme exemple de jeu impliquant les pays comme joueurs.

Le deuxième chapitre abordant les jeux non coopératifs tels que les jeux de société à deux joueurs étudie les types de stratégies et d'équilibres associés. L'exemple du jeu du coton y est présenté en portant toute notre attention sur les pays producteurs africains.

Le troisième chapitre aborde les jeux coopératifs en étudiant les différentes formes de stratégies et d'équilibres associés avec une application au jeu de la diplomatie. Nous y saisissons tous les avantages pour les pays africains à tirer dans la mise en place de l'État fédéral.

Enfin, le quatrième chapitre aborde les jeux à la fois coopératifs et non coopératifs comme les jeux de relations internationales. Compte tenu de leurs aspects coopératifs, le problème de partage du pouvoir est résolu par l'approche utilisant la valeur de Shapley. À titre d'exemple, nous avons considéré le partage du pouvoir dans le cadre d'une union étatique de l'Afrique de l'Ouest. Nous avons établi les parts de chaque pays en tenant compte du caractère de faisabilité et d'équité.

Partie 2 : La fédération des États africains

La seconde partie est une application des théories précédemment annoncées dans le but de démontrer la nécessité de mise en place de la Fédération africaine. Nous y décrivons la forme de fédération proposée, la représentativité des États et abordons quelques exemples de jeux tels que les dépenses militaires ainsi que le commerce des produits de base. Nous y montrons comment la fédération aurait facilité la satisfaction des Objectifs du Millénaire pour le Développement (OMD). Les principales étapes pour la confection d'un outil d'intelligence artificielle décrivant la fédération sont par la suite présentées.

Le chapitre 5 traitant de la fédération fournit le processus de fédération par le biais du regroupement régional. Ceci induit un jeu à cinq régions permettant de saisir tout ce processus. Dans le cadre de la Fédération, le jeu entre les pays africains est coopératif. Par contre, en considérant l'Afrique dans son entité et le reste du monde, le jeu devient non coopératif.

Le chapitre 6 traite du partage de pouvoir dans la Fédération. La représentation des différents pays pose le problème du partage du pouvoir. Les parts de chaque pays sont déterminées en s'inspirant de la théorie de partage par les valeurs de Shapley.

Le chapitre 7 traite des dépenses militaires et montre comment la Fédération faciliterait leurs réductions considérables. En effet, par rapport au PIB, les pourcentages de dépenses militaires des pays africains sont très élevés. Leurs réductions sont aujourd'hui un impératif dans le cadre d'objectifs de développement économique et social.

Le chapitre 8 abordant les questions monétaires et financières trace les différentes étapes pouvant conduire à l'intégration monétaire et à la mise en place de la monnaie unique. Il préconise la fusion des bourses africaines pour assurer les conditions d'une meilleure attraction des flux financiers. Les intégrations, financière et monétaire, devraient favoriser un meilleur environnement plus propice au développement du continent.

Le chapitre 9 aborde les sous-jeux des produits de base qui constituent la principale figure du commerce africain. En effet, les économies des pays africains sont principalement tributaires des produits de base. Dans certains pays même tous les secteurs, primaire, secondaire et tertiaire tournent autour de la commercialisation des produits de base. Les sous-jeux induits sont donc primordiaux et déterminants pour les Africains. L'exemple de la filière de cacao y est étudié pour mieux illustrer les différents enjeux impliqués.

Le chapitre 10 aborde la diversité linguistique et culturelle au niveau de l'Afrique. L'éducation y est également traitée avec la mise en exergue de la recommandation de l'introduction des langues nationales dans le système éducatif. Certaines orientations pour une éducation plus adaptée sont également dégagées dans ce chapitre.

Le chapitre 11 montre comment la stratégie de la fédération aurait pu permettre à l'Afrique de réaliser les OMD (Objectifs du Millénaire pour le Développement).

Ces objectifs y sont visités tour à tour dans le cadre de la Fédération. La stratégie fédérative constitue sans aucun doute la meilleure réponse par rapport à ces standards économiques.

Finalement, le chapitre 12 fournit les grandes lignes des différentes étapes pour la mise en place de l'État virtuel d'Afrique (ÉVA) en attendant celle de l'État réel. ÉVA est un outil pour convaincre les récalcitrants ou les indécis à la mise en place de la Fédération.

Partie 1

Introduction à la théorie des jeux

La théorie des Jeux est une généralisation des jeux de société tels que les Échecs ou le jeu de Dames en vue d'une modélisation des phénomènes incluant des relations sociales, politiques et économiques. Elle est la théorie des stratégies, des stratégies d'anticipation, de négociation et d'intervention. Elle est la théorie des choix stratégiques d'aide à la décision.

1

LA THÉORIE DES JEUX

Dans la vie, tout peut être perçu comme un jeu.
En conséquence, la vie est un super jeu.

1. Définition de jeu

La théorie des jeux est un outil de modélisation de situations où des intervenants sont amenés à prendre des décisions individuelles possédant un impact global sur leur environnement commun. En tant que domaine des mathématiques de la décision, la théorie des jeux modélise les relations d'intervenants impliqués dans des choix plus ou moins conflictuels. Ces intervenants sont appelés joueurs et sont des personnes, des regroupements de personnes ou des représentants d'institutions. Le sort de chaque joueur dépend non seulement des décisions qu'il prend, mais également de celles prises par les autres. Ainsi, chaque joueur possède différentes stratégies qui lui procurent, chacune, un niveau d'utilité estimé en terme de gain. Chaque joueur cherche à tirer le maximum de profit de ses propres décisions tout en développant des choix stratégiques et en intervenant selon certains principes de rationalité. Cette définition englobe les jeux de société et de sport tout en dépassant ce niveau primaire pour le généraliser à n'importe quel contexte d'interactions conflictuelles d'agents.

La théorie des jeux ne fut considérée comme une véritable discipline scientifique qu'à partir de la publication en 1944 du fameux livre de Von Neumann[1]. Par la suite, ce nouveau domaine a connu des développements assez considérables aussi bien sur le plan théorique qu'empirique. En tant qu'outil primordial d'aide à la décision, elle a exercé une influence croissante sur les développements des sciences socioéconomiques. Toutefois, elle ne cherche pas à proposer des solutions toutes faites à des problèmes, mais à en permettre une meilleure prise de conscience et compréhension favorisant une détermination de stratégies de décision plus pertinentes. Notons que le terme de jeu est péjoratif et peut porter à confusion. La théorie des jeux s'intéresse à des questions beaucoup plus sérieuses et importantes que son nom semble lui conférer. En théorie des jeux, la caractéristique essentielle et fondamentale est que le gain réalisé par un joueur dépend de ses propres choix, mais aussi de ceux effectués par les autres joueurs. L'interaction des joueurs devient beaucoup plus complexe avec l'augmentation de leur nombre qui constitue une donnée du problème. Dans le cadre des relations internationales, les joueurs sont des états qui ne peuvent pas se contenter de choisir leurs propres plans d'action, en négligeant ceux des autres. Ils doivent au contraire anticiper et se faire une idée aussi précise que possible des stratégies susceptibles d'être choisies par leurs concurrents. Pour cela, nous considérons l'hypothèse de rationalité selon laquelle tous les états s'efforcent de prendre les meilleures décisions pour eux-mêmes et dégageons une caractérisation des jeux que nous présentons dans la section ci-dessous.

2. Caractéristiques de jeux

De par sa définition impliquant la notion d'intérêts conflictuels, le nombre de joueurs est usuellement au moins deux au niveau des jeux considérés dans ce livre. Notons cependant que des jeux à un seul joueur existent

---

1. Neumann John Von and Oscar Morgenstern, *Theory of Games and Economic Behaviour*, Princeton University Press, 1944.

dans la littérature. C'est le cas du jeu solitaire qui concerne des situations nécessitant un dépassement personnel. Avec deux joueurs, le jeu peut être représenté sous la forme tabulaire. Par exemple, si chaque joueur possède deux stratégies, le jeu est un duopole est peut être résumé dans le tableau 1.1 ci-dessus.

Tableau 1.1 : Jeu sous forme tabulaire

	Stratégie 1 du joueur 1	Stratégie 2 du joueur 1
Stratégie 1 du joueur 2	(A, a)	(B, b)
Stratégie 2 du joueur 2	(C, c)	(D, d)

Les valeurs en lettres capitales représentent les gains du joueur 1 tandis que les lettres en minuscules sont les gains du joueur 2. Les stratégies du joueur 1 sont lues en colonnes tandis que celles du joueur 2 le sont en lignes. La première colonne représente les issues possibles si le joueur 1 joue sa stratégie 1 tandis la colonne 2 définit les deux issues si sa stratégie 2 est considérée. De même, la première ligne fournit les issues de paiement du jeu si le joueur 2 joue sa stratégie 1 tandis la ligne 2 retourne les gains correspondant à sa stratégie 2. Ainsi, le choix de stratégies des deux joueurs fournit un vecteur de paiement de forme (G, g) dont G est le gain du joueur 1 et g celui du joueur 2. Notons que cette représentation tabulaire peut être adoptée si les joueurs possèdent un nombre fini de stratégies supérieures à deux. Avec cette présentation, le jeu est sous une forme normale. Dans ce cas, elle ne décrit pas complètement le déroulement du jeu, mais fournit aux joueurs l'ensemble des stratégies avec les paiements associés.

Le jeu est dit à somme nulle si le gain de l'un des joueurs entraîne exactement une perte équivalente subie par son adversaire. Par exemple, le jeu à deux, défini par le tableau 1.1, est à somme nulle si les vecteurs des paiements (G, g) sont tels que $G = -g$. Les jeux de société à deux sont à somme nulle, car le gain d'un joueur équivaut à la perte subie par son adversaire.

Par opposition, un jeu peut être également présenté sous une forme extensive si les différentes situations de son déroulement sont explicitement présentées. Cette forme extensive peut être présentée par le biais d'un arbre. Chaque sommet indique le joueur qui doit intervenir, la branche indique la stratégie adoptée. Le sommet terminal est le paiement résultant des stratégies induites par ces différentes branches.

Quand les joueurs peuvent passer des accords les liant de manière contraignante, le jeu est dit coopératif. Ces joueurs impliqués augmentent leurs gains à travers des accords. Dans le cas contraire, le jeu est dit non coopératif. C'est le cas de jeu à somme nulle dans lequel un joueur ne possède aucun intérêt à procurer ses décisions stratégiques à son adversaire au risque d'essuyer des pertes. Cependant, après avoir joué l'information peut être disponible et connue. Ces jeux séquentiels sont dits à information complète. Dans le cas contraire, le jeu est à information incomplète et les joueurs interviennent souvent de manière simultanée. Si les joueurs sont au courant de toute l'histoire du jeu et détiennent l'information sur toutes les stratégies utilisées par leurs adversaires au moment où ils placent leurs choix, alors le jeu est à information parfaite. Dans le cas contraire, il est dit à information imparfaite.

Certains jeux sont à durée bien déterminée T ce qui signifie qu'au bout de ces T périodes, le jeu se termine. Si le jeu est continu et cette période T ne peut pas être déterminée alors le jeu est à horizon infini. Certains jeux contiennent des phases qui sont périodiquement répétées alors ils sont dits répétés. Dans le cas contraire, alors le jeu est dit non répété. À cause du dynamisme induit, la répétition augmente la complexité du jeu et s'apparente beaucoup plus aux jeux naturels. Toute une théorie des jeux répétés[2] est actuellement développée pour décrire ces phénomènes.

Un jeu pouvant être également influencé par des facteurs externes et stochastiques est dit aléatoire. Dans le cas contraire, le jeu devient moins complexe et est dit déterministe. Un jeu peut également être aussi bien équitable que discriminatoire. Toutes ces caractéristiques sont résumées dans le tableau 1.2 ci-dessous.

Tableau 1.2 : Résumé des caractéristiques d'un jeu

Caractéristique	Caractéristique contraire
Nombre de joueurs est 2	Plus de deux joueurs
Jeu à somme nulle	Jeu à somme non nulle
Non coopératif	Coopératif
Information complète	Information incomplète
Information parfaite	Information imparfaite
Déterministe	Aléatoire
Horizon fini	Horizon infini
Répété	Non répété
Séquentielle	Simultané
Équitable	Discriminatoire

3. Jeux de société et de sport

3.1. Yoté ou le jeu de dame africain

Configuration du jeu : Le Yoté est un jeu de société africain qui s'effectue sur un plateau rectangulairement qua-

---

2. Renault J. and Tomala T. « Repeated proximity games », international Journal of Game Theory, 27, p. 539–559, 1998.

drillé avec 6 cases par 5 cases. C'est un jeu impliquant deux joueurs, positionnés face à face, dont chacun dispose initialement de 12 pions. Au début de la partie, le plateau de jeu est vide et un tirage au sort détermine celui qui commence. Tour à tour, chaque joueur cherche à placer de manière stratégique tous ses pions. Le but du jeu est d'éliminer tous les pions de l'adversaire du plateau de jeu.

Déplacement de pions : À son tour, chaque joueur peut soit poser un de ses pions sur une case libre du plateau, soit déplacer un de ses pions déjà positionné, horizontalement ou verticalement. L'option de déplacement de pion peut être prise avec une disponibilité de pions à poser au niveau du plateau.

Règle de capture de pions : Pour capturer un pion adverse, il suffit de réussir à sauter sa case verticalement, en avant ou en arrière, ou horizontalement, mais jamais en diagonale. Notons que chaque pion pris permet d'en capturer un deuxième, choisi parmi les pions adverses présents sur le plateau. On capture donc 2 pions à chaque prise. Cependant il n'est pas permis d'enchaîner les sauts. Il est également interdit de reprendre exactement le coup joué au tour précédent.

Stratégies : Une des stratégies très pertinente est l'occupation des coins. En effet au niveau d'une telle position, le pion peut être retiré, mais pas capturé, car il ne peut pas être sauté ni verticalement ni transversalement.

Le Yoté[3] est un jeu stratégique assez similaire au jeu d'échecs. Contrairement aux échecs où les dispositions initiales des pions sont imposées, le joueur de Yoté possède l'opportunité d'occuper tout le terrain. Tour à tour, les deux joueurs placent leurs pions sur les différentes cases

---

3. Pour plus d'information, consultez : http://jeuxstrategie.free.fr/Yote_complet.php

du plateau de jeu. Ceci ajoute une plus importante complexité de choix dès le début du jeu. Le terme est dérivé en
langue Wolof du verbe yoté signifiant guetter, amadouer
ou piéger. Le jeu peut être exercé en creusant des trous
dans le sable permettant à un des deux joueurs d'utiliser des bâtonnets tandis que son adversaire utilise des
pierres.

Ce jeu d'esprit, souvent pratiqué après les travaux
champêtres ou dans les cours royales, était une mesure
de la ruse et du quotient intellectuel. Il est cependant de
moins en moins populaire compte tenu de l'influence, de
l'attrait et de la promotion des jeux d'échecs et de dame.

3.2. Le jeu de Tame ou Diketo

Le Tame, jeu africain pratiqué au Sénégal permettant
le développement des compétences de coordination et de
dextérité entre les mains et les yeux, se joue avec plus
d'un joueur sur une surface plate et en dur. Un tas de petites pierres pouvant au besoin être subtilisées par des
billes est placé au centre des joueurs assis tout autour.
Le jeu est séquentiel, car les joueurs interviennent tour
à tour. Un tirage au sort détermine le premier joueur à
débuter le jeu. La succession est par la suite contrôlée de
la droite vers la gauche par la position des joueurs. Une
même grosse pierre est donnée au joueur intervenant.

Niveau 1 : Pour débuter, le joueur jette la grosse pierre
en l'air, sépare les petites pierres et la récupère avant sa
tombée. Ensuite il la jette à nouveau en l'air pour collecter une pierre du tas et la récupère à nouveau au vol. La
pierre collectée est placée avec dextérité dans l'autre main
afin de permettre le recommencement de l'exercice continuellement répété jusqu'à la récupération de toutes les
pierres.

a. Si le joueur ne collecte pas une pierre ou si la grosse
pierre tombe, alors il a échoué.

b. Si le joueur touche une autre pierre que celle collectée, alors il a échoué. D'ailleurs c'est pour rendre cette opération possible que la séparation est préalablement effectuée.

c. Si un joueur échoue, alors son score est le nombre de pierres collectées qui sont par la suite remises pour reconstituer le tas initial. Ensuite, ce joueur cède le tour au suivant qui tente sa chance.

d. Par contre si un joueur réussit, alors son score est le nombre total des petites pierres du tas initial. Le prochain joueur devra tenter d'égaliser au moins cette performance.

À la fin du niveau 1, le joueur possédant le plus de pierres est le vainqueur et c'est la fin du jeu. Si par contre, le meilleur score est réalisé par plus d'un joueur, alors ces joueurs doivent passer au niveau supérieur. Les joueurs n'ayant pas réussi ce test deviennent des spectateurs.

Niveau 2 : L'ordre du jeu au niveau 1 doit être respecté. Ainsi le premier joueur à avoir réalisé le score maximal débute le jeu. Ce niveau est similaire au précédent. La seule différence est la libération de deux pierres à la fois tant que le nombre restant est supérieur à deux. Ceci procure plus de difficultés à l'épreuve. Si ce challenge ne sépare pas les joueurs, le prochain niveau est abordé.

Niveau 3 : Ce niveau est similaire au précédent. La seule différence est la libération de trois pierres à la fois tant que le nombre restant est supérieur à trois. Si ce challenge accru ne sépare pas les joueurs, le prochain niveau est abordé. Le processus peut être poursuivi jusqu'à ce qu'un joueur soit déclaré vainqueur.

Le jeu de Tame peut être pratiqué sur une surface sablonneuse, les pierres se trouvent dans ce cas enfouies dans un tas de sable pour apporter un certain niveau de difficulté qui rend invisibles les positions des pierres restantes. Le Tame est souvent pratiqué par les jeunes filles à travers différents pays d'Afrique sous différentes varian-tes comme Diketo[4], Magane ou Upuca. Il est de moins en moins populaire au sein des générations actuelles compte tenu de l'attrait des jeux virtuels de vidéo.

3.3. Awalé ou Ouri

Originaire d'Afrique où il est considéré comme l'équi-valent du jeu d'échecs, Awalé est un jeu combinatoire pra-tiqué à travers beaucoup de régions africaines. Cette pro-pagation lui vaut différentes appellations qui semblent partager une même racine phonétique (ouri, couri ourin, aware, awale, ware ...).

Configuration du jeu : Le plateau du jeu Awalé possè-de une forme d'une demi-bûche coupée selon la longueur contenant 6 trous au niveau de chaque bord. Un trou plus élargi peut souvent être creusé au niveau de chaque extré-mité latérale servant à collecter les pions récoltés aux dé-pens de l'adversaire. Chaque joueur possède un contrôle exclusif au niveau de la case située à sa droite.

Règle du jeu : Initialement, chacun des 12 trous contient 4 jetons qui sont des pierres très lisses, des coquillages, des billes ou des perles. Une partie implique deux joueurs parmi lesquels un tirage au sort détermine le premier joueur. À partir de la coupole choisie, il commence par égrener, une à une, tout le contenu du tas dans le sens des aiguilles d'une montre dans les différents trous situés à la droite du tas choisi.

Si l'égrenage d'un joueur se termine au niveau de la case de son adversaire avec une coupole contenant 2 ou 3 pions, alors le joueur peut les collecter. Si l'avant-dernier trou du tas collecté contient également 2 ou 3 jetons, alors ces derniers peuvent être collectés et cette opération peut être effectuée, ainsi de suite.

---

4. Pour plus d'information, consultez www.tmtdm.net/regle-du-jeu-diketo.php

Si tous les jetons sont collectés, alors c'est la fin du jeu. Le joueur ayant collecté le plus de pions est déclaré vainqueur.

Si à un moment toutes les coupoles du bord d'un joueur sont vides, alors ce joueur ne possède plus de tas à déplacer. La règle du jeu lui permet de collecter tous les pions restants. Et c'est la fin du jeu. Un joueur ne possède aucun intérêt à vider les coupoles de son adversaire. En conséquence, si la coupole de l'adversaire est sur le point de se vider, alors le joueur a tout intérêt à alimenter au moins la première case de ce dernier.

Le jeu Awalé, jeu stratégique à information parfaite et non aléatoire, se joue séquentiellement. Et chaque joueur est au courant de la stratégie de son adversaire. Même si le jeu est un duopole, l'assistance peut encourager un joueur ou influencer le jeu de manière subtile. Le jeu peut être effectué sur une surface sablonneuse en y créant un plateau de sable sur lequel des creux sont effectués pour permettre le placement et l'égrenage des pions.

3.4. La lutte traditionnelle

La lutte traditionnelle, une pratique sportive très populaire en Afrique, implique deux lutteurs dont chacun cherche à recourir au corps à corps pour terrasser son adversaire. La lutte, intégrant une dimension culturelle et folklorique avec des chansons de motivation accompagnées de tam-tam, se déroulait après les récoltes. Les lutteurs sont actuellement regroupés en écuries et adhérent à un Comité national qui est l'organe de gestion de ce sport. Le combat se termine dès qu'il y a une chute qui intervient lorsque la tête, les fesses, le dos ou certains appuis (deux mains et deux genoux) du lutteur touchent le sol. La victoire peut aussi être attribuée à un lutteur lorsque son adversaire ne présente plus les conditions physiques ou médicales aptes à la lutte. Chaque année, un champion est désigné. Dans ce sens, il est possible de considérer globalement la lutte comme un jeu à plusieurs joueurs impliquant les lutteurs, les promoteurs et les amateurs. La fédération des États aurait permis l'uniformisation des règlements déjà existants et favorisé une reconnaissance internationale de cette discipline.

3.5. Le football

Le football, appelé soccer en Amérique du Nord, est un sport collectif impliquant deux équipes. Le jeu se joue sur un terrain rectangulaire de 90 à 120 m de long et de 45 à 50 m de large. Une ligne d'environ 7 m est considérée au milieu de chacune des deux largeurs. Elle constitue la base d'un espace, en hauteur, rectangulaire d'environ 2 m 40 de haut. Cet espace appelé but est délimité par deux poteaux reliés par une barre transversale. Chaque équipe disposant de 11 joueurs sur le terrain se voit affecter un but. Son objectif principal est d'empêcher le ballon de traverser cet espace. Pour ce faire, un gardien doit être désigné parmi les joueurs pour veiller à cette tâche. Le gardien de but est le seul joueur pouvant se servir de ses mains. Le franchissement de cet espace est un but contre l'équipe. Dans le même temps, l'objectif de l'équipe est de marquer le plus de buts possibles dans le camp adverse. L'équipe possédant le plus de buts est déclarée vainqueur du match. En l'abordant dans le cadre de la théorie des jeux, les joueurs sont les deux équipes qui s'affrontent. Ces équipes appartenant à une ligue ou à une fédération, le championnat peut être considéré comme un jeu avec plusieurs joueurs qui sont les différentes équipes. Une coupe impliquant toutes les nations est organisée tous les quatre ans par la FIFA (Fédération internationale de Football amateur). Ce jeu est très populaire à travers le monde entier et est pratiqué partout en Afrique. La pertinence de cet exemple réside dans sa manière de mieux ressortir les bienfaits de la fédération. Il suffit tout juste d'imaginer le nombre de coupes du monde que l'Afrique pourrait gagner avec une seule sélection fédérale. Et pourtant aucune équipe nationale d'un pays africain n'a jamais réussi à atteindre les phases de demi-finales de cette compétition. Même avec cinq équipes de sélections régionales, l'Afrique devrait jouer un rôle beaucoup plus important durant ces compétitions. La fédération des États aurait également facilité la mise en place de ligues professionnelles de très hauts niveaux.

2

JEUX NON COOPÉRATIFS

Chacun pour soi ! Jeu pour tous !

1. Jeu non coopératif

Un jeu est dit non coopératif lorsque les joueurs ne peuvent nullement passer entre eux des accords liant chacun de manière contraignante. Dans le jeu non coopératif, les intérêts sont conflictuels et les joueurs peuvent dans ce cas être considérés comme des adversaires. Les exemples typiques de jeux non coopératifs, souvent à somme nulle, sont les jeux de société tels que les échecs ou les jeux de sport à deux. Au niveau d'un jeu, chaque joueur cherche à placer une stratégie lui permettant de maximiser ses gains. En d'autres termes, chaque joueur sélectionne de manière unilatérale une stratégie gagnante à partir de ses propres stratégies. Ainsi, il incombe à chaque joueur i de déterminer son propre ensemble de stratégies noté X_i. Parmi cet ensemble de stratégies, le joueur i cherche à déterminer celle qui lui procure le maximum de satisfaction. Cette dernière est mesurée par une fonction appelée fonction d'utilité u_i. La connaissance totale de cette information pour chaque joueur constitue la forme normale du jeu.

Un jeu est dit non coopératif si le comportement décentralisé des joueurs les amène à choisir de manière solitaire les stratégies assurant une satisfaction optimale. Pour cette raison, les jeux non coopératifs sont souvent appelés jeux stratégiques. Un joueur peut anticiper le jeu de ses adversaires, mais ne peut pas coopérer ou échanger avec les autres joueurs. La réussite d'un joueur implique l'échec ou une insatisfaction partielle des autres joueurs. Évidemment, toute communication entre les joueurs est exclue, car un joueur ne gagne rien à dévoiler ses propres stratégies à ses concurrents. Nous présentons dans la prochaine section les différentes stratégies s'offrant aux joueurs impliqués dans les jeux non coopératifs.

2. Stratégies

Considérons un jeu avec n joueurs possédant chacun un ensemble de stratégies. Il est du ressort de chaque joueur d'identifier cet ensemble et d'en choisir une pertinente stratégie. Avec l'hypothèse de rationalité, cette stratégie est celle qui maximise l'utilité ou la satisfaction de chaque joueur. Les choix des différents joueurs impliquent des actions qui ont une incidence directe sur le déroulement et les différentes étapes du jeu. Notons que l'ordre dans lequel s'effectue le jeu peut être séquentiel. Cependant, dans la situation de relation internationale qui nous concerne, les États peuvent prendre leurs décisions simultanément. Chaque joueur doit effectuer le maximum d'effort afin de disposer suffisamment d'informations afin d'assurer la pertinence de ses propres décisions. En effet, une connaissance parfaite des différentes stratégies utilisées par chacun des joueurs détermine nécessairement l'issue du jeu. L'ensemble des stratégies peut être classifié en trois principales classes présentées ci-dessous.

Les stratégies pures, complètement déterministes, ne font intervenir aucune forme de hasard. Les jeux avec des stratégies pures, plus prévisibles, peuvent être représentés sous forme d'un arbre.

Les stratégies aléatoires font intervenir des doses de hasard en tenant compte du caractère incertain des jeux à ne pas confondre avec les jeux de hasard. Certains jeux aléatoires peuvent être représentés sous forme d'un arbre, mais avec une difficulté plus importante que dans le cas déterministe.

Les stratégies mixtes sont les stratégies faisant inter-venir simultanément une dose de hasard et de situation déterministe. Notons que les jeux de relations internatio-nales rentrent parfaitement dans ce cadre.

Souvent, pour beaucoup de jeux, le nombre de stratégies de chaque joueur est fini. Cependant, dans le cas des jeux de relations internationales, les ensembles des stratégies peuvent être continus et contenir une infinité de stratégies possibles. Ces stratégies sont difficilement maitrisées par les États impliqués. Évidemment, le résultat obtenu par le joueur ne peut pas être garanti de façon certaine, puisque son choix dépend non seulement de celui des autres, mais également de certains aléas. En effet, il faut noter que dans les jeux modélisant les relations internationales, les joueurs interviennent de manière périodique souvent annuelle. Les joueurs impliqués sont des États, des organisations internationales, des multinationales et des institutions financières. La configuration du jeu variant d'une période à une autre, chaque joueur intervient dans le but d'augmenter son gain ou sa productivité. Le jeu est répété, périodique et infini. En conséquence, les ensembles de stratégies sont continuellement changeants. D'ailleurs certains joueurs peuvent simplement abandonner pendant que d'autres rejoignent le jeu. Avec la répétition, le hasard intervient et rend les ensembles de stratégies flous et indéterminés. Compte tenu de cette complexité, certains joueurs peuvent ne pas avoir une maîtrise ou une connaissance de leurs ensembles de stratégies dont l'identification constitue une part importante du jeu. En conséquence, le jeu est dit à information imparfaite, car les actions interviennent souvent de manière simultanée. Pour plus d'efficience, chaque joueur gagne à anticiper les décisions des autres. Les combinaisons de stratégies utilisées par les joueurs déterminent ainsi l'issue du jeu d'une période à une autre. Dans cet environnement, le bluff, consistant à dérouter son adversaire, acquiert une plus grande importance.

Définition 1 : Dans un jeu donné, une stratégie x_i d'un joueur i domine sa stratégie y_i si les deux assertions ci-dessous sont simultanément satisfaites.

a. La stratégie x_i procure au moins le même gain ou niveau de satisfaction que y_i quelles que soient les stratégies adoptées par les autres joueurs.

b. La stratégie x_i procure un gain ou un niveau de satisfaction strictement supérieure à celui de y_i pour au moins un ensemble de stratégies adoptées par les autres joueurs.

Une stratégie d'un joueur est dite dominée si elle lui assure la plus faible satisfaction possible quel que soit le choix des autres joueurs. Si un joueur place une stratégie dominée, les autres joueurs n'ont même pas à se soucier de cette stratégie. En effet, l'action des autres joueurs n'a aucune incidence sur le niveau faible de l'utilité de ce joueur. Ainsi, un joueur ne possédant que des stratégies dominées ne peut en aucune façon influencer le jeu. En tant que suiveur, il subit le jeu et perd son titre d'adversaire. Une stratégie dominée n'est donc pas intéressante pour un joueur d'où l'intérêt de l'ensemble des stratégies non dominées.

Par contre, une stratégie x_i qui domine y_i assure une meilleure satisfaction. Une stratégie d'un joueur est dominante si elle domine toute autre stratégie. En conséquence, elle lui assure le maximum possible de satisfaction quel que soit le choix des autres joueurs. L'action des autres joueurs n'a aucune incidence sur le niveau de l'utilité du joueur qui place une stratégie dominante. Le joueur possédant une telle stratégie est un leader. Notons qu'il peut exister plusieurs leaders qui vont, dans ce cas, être les seuls à définir l'orientation du jeu.

3. Équilibres et stratégies optimales

Une stratégie dominante d'un joueur appelée équilibre en stratégies dominantes est un équilibre imposé. Avec une stratégie dominante, un joueur peut imposer l'issue du jeu quelle que soit la finesse des stratégies proposées par les autres joueurs. Ceci diminue considérablement l'intérêt d'un jeu. Heureusement, l'existence d'une stratégie dominante n'est pas toujours garantie dans la plupart des jeux qui permettent une certaine forme d'apprentissage.

3.1. Stratégies prudentes

Une stratégie prudente d'un joueur consiste à se contenter du moindre mal. Ainsi, une telle stratégie prévoit les pires situations et se prémunit contre ces risques en se contentant de la meilleure parmi ces situations. Elle est, pour un joueur, une stratégie anticipative de réaction aux pires situations pouvant résulter des choix stratégiques de ses propres adversaires.

Définition 2 : Dans un jeu donné, une stratégie prudente d'un joueur est déterminée en considérant, tout d'abord, la pire situation pour chaque stratégie du joueur et ensuite à choisir la meilleure parmi ces différentes situations.

Pour chaque stratégie d'un joueur donné, différents niveaux d'utilité de ce joueur existent dépendamment des différents choix stratégiques des autres joueurs. Le niveau minimal de ces utilités correspond à la pire situation associée à cette stratégie. Le maximum parmi toutes ces utilités minimales correspond à la stratégie prudente. Elle puise ainsi parmi les stratégies qui minimisent les utilités d'un joueur celle qui est maximale. Autrement dit, en considérant les stratégies de ses adversaires rendant minimales ses propres préférences, un joueur agit prudemment en choisissant le maximum parmi ces préférences minimales. Ainsi, son objectif consistant à se prémunir de la pire des situations est mathématiquement un Maximin.

Une stratégie fortement prudente est une stratégie à la fois prudente et non dominée. Ces stratégies, tout en se basant sur un comportement de prudence, sélectionnent une stratégie qui n'est dominée par aucune autre stratégie.

3.2. Stratégies optimales

Définition 3. Dans un jeu, un vecteur de paiement représentant les gains des différents joueurs est non améliorable si l'assertion suivante est satisfaite. Il n'existe aucun vecteur de paiement de stratégie permettant une satisfaction au moins équivalente pour chaque joueur et avec une préférence strictement supérieure pour au moins un joueur.

Définition 4 : Dans un jeu à n joueurs, un vecteur de stratégies est constitué par n stratégies choisies par les n joueurs. Ainsi, un vecteur de stratégies est un optimum de Pareto si le vecteur de paiement associé est non améliorable.

En d'autres termes, il est impossible dans ce cas d'améliorer la préférence d'un joueur sans réduire celle d'un autre joueur. L'optimum de Pareto est un optimum collectif. Il est impossible de l'améliorer sans affecter une partie de la collectivité des joueurs.

3.3. Équilibres de Nash

Définition 5 : Dans un jeu, un vecteur de stratégies est un équilibre de Nash si pour tout joueur i, la stratégie x_i fournit sa meilleure préférence, si les autres joueurs adoptent chacun leur même stratégie x_j.

En d'autres termes, un vecteur de stratégies est un équilibre de Nash si pour tout joueur i et toute chose égale par ailleurs, la stratégie x_i fournit sa meilleure préférence.

L'équilibre de Nash est un équilibre conditionnel. Aucun joueur rationnel n'a intérêt à modifier sa stratégie au risque de réduire sa satisfaction. Dans ce sens, l'issue est un équilibre, il est appelé équilibre de Nash ou équilibre non coopératif. Ainsi, si le jeu atteint l'équilibre de Nash la situation demeure stable, car un joueur quelconque ne possède aucun intérêt à changer unilatéralement de stratégie. Cependant, la principale difficulté est de reconnaître l'équilibre de Nash pour que chaque joueur puisse placer son option définitive sur la stratégie correspondante. En plus, il peut exister plus d'un équilibre de Nash. Évidemment, dans une telle situation, il se poserait le problème du choix d'un équilibre de Nash parmi tous ces différents équilibres.

Exemple 1 : Soit le jeu à deux joueurs représenté sous forme du tableau 2.1 ci-dessous.

Tableau 2.1 : Jeu sous forme tabulaire

	Stratégies 1	Stratégies 2
Stratégies 1	(2,2)	(1,2)
Stratégies 2	(2,1)	(3,3)

L'issue (2,2) est un équilibre de Nash car si l'un des deux joueurs décide de changer unilatéralement de stratégie, alors son gain diminue d'une unité. En effet, rappelons que la première coordonnée représente le gain du joueur 1 dont les stratégies sont lues en colonne. Si le joueur 1 change de stratégie, alors le vecteur de gain devient (1,2) et son gain diminue d'une unité. Si par contre le joueur 2 change de stratégie, alors le vecteur de gain devient $(2,1)$ et son gain diminue d'une unité.

De même, l'issue $(3,3)$ est trivialement un équilibre de Nash et également un équilibre de Pareto. Il est impossible d'accroître le gain d'un quelconque joueur sans diminuer celui de l'autre.

Avec cet exemple, nous pouvons déduire qu'un équilibre de Nash n'est pas nécessairement un équilibre de Pareto, car il peut être améliorable par une intervention simultanée et changeante de plusieurs joueurs. Cependant, un équilibre de Pareto est un équilibre de Nash en tant qu'issue non dominée. L'ensemble des équilibres de Pareto est un sous-ensemble de celui des équilibres de Nash. L'existence d'équilibre de Pareto n'est pas assurée. Par contre, celle de l'ensemble de Nash découle du résultat ci-dessous.

Il est prouvé que si un jeu est réalisable et les ensembles de stratégies X_i finis, alors sa solution optimale est dans l'ensemble des équilibres de Nash[5]. Notons que ce résultat peut être généralisé dans le cas où les ensembles de stratégies X_i ne sont pas finis, mais possèdent des caractéristiques mathématiques de convexité et de compacité.

4. Production de coton des Pays africains

4.1. Principales filières africaines[6]

Bénin : Avec une filière assez bien organisée, le coton occupe le premier rang des exportations béninoises. La production de coton a induit des recettes annuelles représentant 34 % des exportations durant la période 1995 à 2000. Cependant, depuis cette période, la filière enregistre des baisses malgré les efforts entrepris par le gouvernement.

---

5. Moulin H., Théorie *des jeux pour l'économie et la politique*, Hermann Paris, Collection méthode (1981).
6.www.unctad.org/infocomm/francais/coton/filiere.htm

Burkina Faso : La production de coton représente la principale activité d'exportation du Burkina Faso induisant 40 % des exportations durant la période 1995 à 2000. Sa filière connaît une crise assez importante à cause entre autres de la pluviométrie et du cours de coton.

Cameroun : La filière a également vécu une certaine expansion à partir de la décennie 80 jusqu'en 2005. C'est à partir de 2006 que les baisses des superficies cultivées et des productions de coton ont commencé à être observées.

République centrafricaine : La production du coton, essentiellement manuelle, y représente la deuxième source d'entrée de devises. La filière a induit des recettes annuelles de 18 millions de dollars représentant 12 % des exportations durant la période 1995 à 2000.

Côte d'Ivoire : Avec 3 % durant la phase d'expansion des années 90, la part du coton dans les exportations totales est relativement faible en Côte d'Ivoire avec la vedette volée par le cacao et le café. Malgré cette faiblesse, le coton rapporte annuellement plus de 140 millions de dollars de recettes d'exportations.

Égypte : La production de l'Égypte, premier rang en Afrique, possède une longue tradition avec un coton de très bonne qualité et des produits d'une très grande élégance. Sa fibre est réputée très fine et longue ce qui renforce sa durée de vie.

Mali : Les exportations de coton ont représenté environ 35 % du montant des exportations maliennes sur la période 1995-2000. Ce produit de base, appelé l'or blanc, représente en valeur la deuxième source d'entrée de devises pour le Mali avec la filière employant près de 40 % de la population rurale. Compte tenu du niveau assez bas des prix du coton, les producteurs se sont retournés vers les cultures vivrières.

Niger : Selon les zones géographiques, la production de coton est obtenue aussi bien par irrigation que par voie pluviale. Ceci procure au Niger un certain degré d'indépendance par rapport à la pluviométrie. La culture de coton est principalement réalisée par de petits planteurs regroupés en coopératives.

Sénégal : La production de coton, représentant 3 % de la part des exportations, est relativement marginale compte tenu de la spécialisation en culture arachidière. Cependant, elle est effectuée sur près du tiers des surfaces cultivées, notamment au sud du pays.

Tchad : La culture du coton, activité importante de l'économie tchadienne, emploie directement et indirectement près de 40 % de la population totale. Le coton compte pour les deux tiers des exportations nationales et y constitue le premier rang parmi les produits d'exportation. La productivité cotonnière est limitée par la faiblesse de l'usage d'intrants, de l'équipement et par le niveau assez faible d'appui technique aux producteurs.

Togo : Le coton y représente en valeur la première source d'entrée de devises et induit un nombre très important d'emplois, car représentant plus de la moitié de la main-d'œuvre agricole. Les exportations du coton ont approximativement représenté une part de 18 % des exportations togolaises sur la période 1995-2000. Malgré, une baisse observée en 2010, le gouvernement ambitionne d'accroître sa production annuelle.

4.2. Le sous-jeu du coton

À travers cette présentation des différentes filières, nous notons une localisation des principales filières en Afrique subsaharienne dans les zones de savanes. L'importance de la production semble liée à la zone inférieure longeant le Sahara. La seule principale exception est l'Égypte dont la production peut être associée à la tradition, à la présence du Nil et aux besoins de l'ancien colonisateur. En Afrique, le coton a pris une importance stratégique dans les économies nationales productrices. Il a participé au développement rural des zones de savanes. Cet essor a été porté par les États, à travers les sociétés cotonnières, par la mise en place d'un dispositif d'encadrement, d'un système de crédit et d'une garantie d'achat de la production à prix fixe. Mais depuis quelques années, la lourdeur du système et son dysfonctionnement ont amené des déficits financiers importants et des difficultés qui ont mis en cause l'intervention des États dans la filière, ceci à un moment où la baisse de la production cotonnière suscite des interrogations et des inquiétudes. En effet, jusqu'au milieu des années 2000, le coton était considéré comme la principale source de revenus de la majorité des agriculteurs des savanes d'Afrique (Mbétid-Bessane et al, 2006). La baisse des prix du coton, conjuguée à la hausse du coût des intrants, aux difficultés d'enlèvement et au retard de paiement aux producteurs de coton est incontestablement la principale cause de la crise cotonnière actuelle en Afrique. En outre, cette baisse résulte de la libéralisation du marché et d'une concurrence illégale des plus grands producteurs mondiaux, notamment les É.-U. et la Chine, par les subventions accordées à leurs agriculteurs (Badiane et coll. 2002 ; Gafsi et Mbétid-Bessane, 2003 ; Fok, 2007). Dans ce contexte, les pays africains jouent individuellement un rôle marginal dans le jeu du coton. Leurs stratégies résultant de réactions par rapport à la crise de la filière et aux stratégies développées par les grands joueurs industrialisés sont présentées ci-dessous.

Stratégie A1 : Réduire sa production du coton au profit des cultures vivrières comme le mil ou le sorgho.

Stratégie A2 : Mise en valeur du coton équitable. Pour combattre la stratégie consistant à augmenter la production du coton par les OGM, certaines associations françaises ont développé en 2005 des produits et des marchés à l'abri de ces modifications génétiques.

Stratégie A3 : Dénoncer auprès de l'OMC les subventions accordées par les États-Unis d'Amérique et certains pays industrialisés à leurs producteurs.

Stratégie A4 : Adopter la technologie de production du coton OGM.

La menace de stratégie A1 commence à faire son effet au Burkina Faso. Elle est appelée la stratégie de la résistance. En effet, l'Agence française de développement a octroyé une aide financière de 7,2 milliards de francs CFA (13,4 millions de dollars US) à l'Union nationale des producteurs de coton du Burkina Faso pour renforcer leurs capacités de gestion, former les paysans et accroître la production de coton.

La stratégie A4 est un piège, car les moyens nécessaires pour un niveau honorable de modification génétique ne sont pas à la portée de ces économies africaines. Le Burkina Faso dispose aujourd'hui d'une législation autorisant la mise en place d'essais de coton génétiquement modifié qui vont conduire des essais avec les principales firmes détentrices des techniques de transgénèse. D'autres pays, notamment le Mali, sont en voie de finaliser les textes permettant la mise en place d'essais. Ces modifications génétiques ne peuvent pas acquérir un rôle important dans la production totale compte tenu des besoins de moyens et de la faiblesse de ressources des producteurs africains. Elles risquent de tuer l'effet de la stratégie A2 qui valorise les forces des techniques de production africaine. En effet, ces aides techniques généreusement octroyées dans cette direction de modification génétique ont pour objectif de mouiller certains pays africains afin de noyer la stratégie dérangeante de coton équitable. D'ailleurs, les producteurs burkinabés ont manifesté le 23 mai 2015 contre le coton transgénique introduit au Burkina Faso en 2003[7] par la multinationale agroalimentaire Monsanto.

La stratégie A1 dépend de la santé économique de la filière de coton. Si les prix sont suffisamment acceptables, alors cette stratégie n'a plus sa raison d'être. Il en est de même pour la stratégie A3 si les pays aux productions subventionnées reviennent à la raison. En effet, en tant que premier exportateur de coton au monde, les États-Unis ont fourni à leurs producteurs une subvention de 4,5 milliards de dollars.

La stratégie A4 n'est pas recommandée, car cette démarche nécessite des investissements considérables et une formation de pointe. En s'engouffrant dans cette direction, les producteurs perdent les spécificités de leurs cotons. En plus, ils risquent de ne pas disposer continuellement des moyens de cette politique. En conséquence, la seule stratégie restante est la carte du coton équitable. Il faut cependant noter que cette stratégie dépend d'associations européennes. À long terme, son effet pourrait s'effriter. La meilleure orientation pour ces pays africains serait la coopération entre les différents joueurs africains. Ceci est bien compris par les pays producteurs qui ont permis la mise place de l'association AProCA (Associations de Producteurs du Coton africain). Elle devrait cependant éviter de tomber dans le piège d'une organisation purement politique coupée de sa supposée base des producteurs. L'étape optimale dans cette orientation serait la Fédération africaine. Elle pourrait permettre de donner naissance à d'autres formes de stratégies et susciter une plus grande considération au niveau de la filière. Elle transformerait la nature non coopérative de ce jeu en coopérative.

---

7. www.jeuneafrique.com/actu/20150523T145641Z20150523T145615Z

3

JEUX COOPÉRATIFS

« Une seule main ne saurait applaudir »
Proverbe wolof

1. Jeu coopératif

Rappelons qu'un jeu est dit coopératif lorsque des joueurs peuvent passer entre eux des accords liant chacun de manière contraignante. Dans le jeu coopératif, certains joueurs ont des intérêts non conflictuels et peuvent dans ce cas être considérés comme des partenaires. C'est le cas des jeux à somme non nulle. Les jeux de société tels que les jeux de cartes par équipe sont des exemples typiques de jeux coopératifs. Chaque équipe constituée de deux joueurs cherche à remporter la manche. Les jeux de sport par équipes tels que le football en constituent également un exemple pertinent. Dans un jeu coopératif, les joueurs peuvent se mettre en coalition et définir des stratégies communes. Les joueurs sont ainsi disposés à renoncer à leurs capacités à décider de manière individuelle au profit de la coalition formée. Cette attitude favorise un gain collectif plus important.

Dans un jeu sous forme normale, le comportement coopératif des joueurs modifie considérablement les formes de stratégies adoptées et la notion d'équilibre. Ceci demeure vrai d'autant plus que dans les jeux répétés, certaines coalitions peuvent se faire et se défaire.

2. Équilibres et stratégies

Il faut noter que les notions de stratégies telles que les stratégies aléatoires, déterministes, mixtes et dominées définies dans le cadre non coopératif sont encore en vigueur dans le cas coopératif.

2.1. Équilibres forts

Définition 1 : Dans un jeu, un vecteur de stratégies est un équilibre fort si aucune coalition ne possède une stratégie pouvant forcer un paiement strictement supérieur des membres de la coalition.

En d'autres termes, pour toute coalition A il n'existe pas de stratégie y_A de cette coalition telle que le paiement individuel de chaque membre i soit strictement amélioré. Un équilibre fort est une issue telle qu'aucune coalition ne possède un intérêt à changer unilatéralement de stratégie. Un équilibre fort est à la fois un équilibre de Pareto et un équilibre de Nash. La stabilité de l'équilibre provient d'une menace passive des joueurs. Si la coalition A menace de se former, les joueurs de A^c sont assurés de décourager sa formation en préservant leur stratégie d'équilibre.

Définition 2 : Dans un jeu sous forme normale, le cœur du jeu est l'ensemble des issues stratégiques possibles telles que pour toute coalition A, il existe une coalition complémentaire A^c pouvant contrecarrer toute tentative d'amélioration du gain de la coalition A.

Par définition, le cœur d'un jeu est un ensemble contenant non seulement les équilibres forts, mais toutes les issues capables d'être stabilisées par des menaces dissuasives ou par domination. En effet, il faut noter qu'une stratégie dominante peut être imposée par une coalition. Elle est dans ce cas appelée équilibre en stratégies dominantes. Avec une stratégie dominante, une coalition peut

imposer l'issue du jeu, quelle que soit la finesse des stratégies proposées par les autres joueurs. Dans une telle situation, la coalition est un leader et les autres joueurs sont
des suiveurs. L'équilibre peut également être stabilisé, car
certains joueurs n'ont pas conscience de leur intérêt à se
coaliser. Dans certains cas, ces joueurs ne sont pas encou-
ragés par les leaders à aller dans cette direction.

L'exemple de la filière du coton présenté dans le chapitre 2 est une bonne illustration de cette situation. Les
producteurs africains sont des suiveurs et doivent subir le
marché. La Fédération de l'État d'Afrique pourrait impliquer une plus grande considération au niveau de la filière.
En effet, des investissements permettant l'amélioration de
la production pourraient plus facilement être obtenus. Les
infrastructures pourraient être mieux aménagées dans
l'optimisation du transport du produit de base. La Fédération donnerait sans aucun doute naissance à d'autres
formes de stratégies.

2.2. Stratégies optimales

La notion d'optimum de Pareto peut être adaptée au cas
de jeux coopératifs. Il suffit de considérer chaque coalition
comme un seul joueur. Pour introduire ces notions, nous
pouvons, sans nuire à la généralité, nous limiter à deux
coalitions A et A^c. Cette approche peut être facilement généralisée au cas où il existerait plus de deux coalitions.

Définition 3 : Soit les deux coalitions A et A^c dans un
jeu sous forme normale, un vecteur de paiement associé
à une issue stratégique est dit non améliorable si aucun
autre vecteur de stratégies ne permet une amélioration
des paiements de membres des coalitions.

Dans le cadre de jeu coopératif, une issue stratégique
est un optimum de Pareto si le vecteur de paiements associé est non améliorable. Dans ce cas, aucune coalition n'a
intérêt à changer de stratégie.

Ainsi, nous percevons que la coalition A n'a point d'intérêt à la formation de sa coalition complémentaire A^c. D'un autre côté, la coalition A^c a tout à gagner dans sa formation. Cette situation ressemble très considérablement à celle des États africains dans le cadre de beaucoup de jeux.

Exemple 1 : Si nous considérons 3 caisses populaires, au sein d'une même ville, qui disposent chacune un surplus d'épargne qu'elles décident de placer dans une grande banque. Elles attirent des épargnants qui auraient eu des difficultés à ouvrir un compte dans les banques conventionnelles. Ces populations sont dans un sens des actionnaires de ces caisses populaires. Comme il existe une portion assez faible de la population qui utilise les services des banques, le système bancaire de la ville propose des taux attractifs. Ces taux moyens sont de 3 % pour un capital supérieur à 10 millions, de 5 % si la somme est supérieure à 30 millions, de 7 % si la somme est supérieure à 40 millions et de 9 % si la somme est supérieure à 50 millions.

Dans ce jeu, les joueurs sont les banques conventionnelles, les caisses populaires et les populations. Les petits épargnants n'ayant pas accès aux banques se sont coalisés pour créer des caisses populaires. Elles permettent d'attirer l'épargne des travailleurs informels tels que les pêcheurs artisanaux, les menuisiers et les maçons. Elles constituent dans un sens des banques de proximité en accordant des prêts à des taux plus abordables à leurs clients. Elles financent de petits projets et font beaucoup d'actions sociales. Certains épargnants ayant un facile accès aux banques peuvent également recourir aux services des caisses dans le but de supporter la communauté. Les caisses possèdent des fonds de surplus qu'elles ne risquent pas de toucher durant les 5 ans à venir et décident de les placer dans les grandes banques afin d'améliorer et de sécuriser l'épargne des clients.

La caisse 1 possède un surplus de 13 millions de F CFA
La caisse 2 possède un surplus de 17 millions de F CFA
La caisse 3 possède un surplus de 22 millions de F CFA

Dans le cas où chacune de ces caisses place individuellement son capital, la caisse 1 possède à la fin de l'année des intérêts de 390 000 F CFA, la caisse 2 possède à la fin de l'année des intérêts de 510 000 F CFA tandis que la caisse 3 possède à la fin de l'année des intérêts de 660 000 F CFA.

Par contre si les 3 caisses décident de former une coalition à travers un consortium et placer tous les capitaux dans un même compte, alors la somme globale devient 52 millions de F CFA. Ainsi avec un taux de 9 %, les intérêts deviennent 4 680 000 F CFA tandis la somme de leurs intérêts individuels était de 1 560 000 F CFA. Le seul fait de former une coalition constitue une stratégie optimale. En plus, elle ouvre des possibilités d'attraction des gros épargnants qui ne leur faisaient pas confiance au profit des banques. Le consortium pourrait développer des stratégies qui n'étaient pas auparavant disponibles.

2.3. Équilibres de Nash

Notons comme dans le cas de stratégie optimale que la notion d'équilibres de Nash peut être adaptée au cas de jeu coopératif. Il suffit de considérer les coalitions comme étant des joueurs. Pour introduire ces notions, nous pouvons ne considérer que le cas deux coalitions A et A^c. Comme dans le cas de l'équilibre de Pareto, cette approche peut être facilement généralisée au cas de plus de deux coalitions.

Définition 4 : Soient les deux coalitions A et A^c dans un jeu sous forme normale, un vecteur de stratégies associées à ces deux coalitions est un équilibre de Nash si aucune des deux coalitions ne possède un quelconque intérêt à changer unilatéralement de stratégie.

En réduisant le jeu aux deux joueurs A et A^c, il devient non coopératif. En conséquence, un vecteur de paiement associé à des stratégies de ces deux coalitions peut être défini comme un équilibre de Nash dans le sens défini au chapitre 3.

Pour toute coalition S et son complémentaire S^c, un choix stratégique (X_S, X_{S^c}) est un équilibre de Nash si pour la stratégie X_{S^c} adoptée par S^c, la stratégie X_S est optimale pour S. Dans ce cas, les deux coalitions n'ont aucun intérêt à modifier unilatéralement leur choix stratégique au risque de réduire leur satisfaction.

Ainsi, si le jeu atteint un équilibre de Nash la situation demeure stable. Cependant, la principale difficulté est de reconnaître un équilibre de Nash pour que chaque joueur puisse opter sur la stratégie correspondante. Notons qu'il peut exister plus d'un équilibre de Nash. Évidemment, dans une telle situation, il se poserait le problème du choix d'un équilibre de Nash parmi tous ces différents équilibres. Dans le cas d'un jeu coopératif, les coalitions peuvent s'accorder sur une issue stratégique. Une coalition quelconque ne voudrait pas rompre l'accord si l'issue stratégique est un équilibre de Nash. En effet, sa rupture unilatérale aurait induit une perte de gains pour cette coalition.

Exemple 2 : Si nous considérons 2 coalitions impliquées dans un jeu à somme nulle dont les gains sont fournis par le tableau 2.2 ci-dessous.

Tableau 2.2 : Jeu sous forme tabulaire

	Stratégie 1 de la coalition 1	Stratégie 2 de la coalition 1
Stratégie 1 de la coalition 2	(3 , 1)	(1 , 3)
Stratégie 2 de la coalition 2	(1 , 3)	(3 , 1)

Les stratégies de la coalition 1 sont en colonnes tandis que celles de la coalition 2 sont en lignes. Les gains sont fournis sous forme de couple dont le premier élément est le gain de la coalition 1 et le second est celui de la coalition 2 qui est en colonne.

Cet exemple n'admet pas un équilibre de Nash. En effet pour tout vecteur de paiements, la coalition perdante a intérêt à changer de stratégie en espérant que l'autre coalition maintienne la sienne. Notons que si le jeu est répété, l'issue pourrait changer continuellement. Par exemple si les deux coalitions jouent chacune sa stratégie 2, alors l'issue est (3, 1). La coalition 1 obtient 3 tandis que la coalition 2 obtient 1. La coalition 2 a intérêt à changer de stratégie. Si l'autre coalition ne fait rien alors la coalition 2 devient gagnante. Prévoyant la situation, la coalition 1 peut anticiper le changement de stratégie et jouer la stratégie 1 pour maintenir sa victoire. Par contre si nous considérons un autre exemple dont les données sont fournies par le tableau 2.3 ci-dessous, alors le jeu admet un équilibre de Nash.

Tableau 2.3 : Jeu sous forme normale

	Stratégie 1 de la coalition 1	Stratégie 2 de la coalition 1
Stratégie 1 de la coalition 2	(2 , 2)	(1 , 3)
Stratégie 2 de la coalition 2	(3 , 1)	(2 , 2)

En effet, l'issue (2, 2) fournie par la case (1,1) est un équilibre de Nash. La coalition qui décide de changer de stratégie devient perdante. Elle n'a pas intérêt à changer de stratégie, car l'autre coalition va maintenir la sienne. Par contre, l'issue (2, 2) fournie par la case (2,2) n'est même pas un équilibre. En effet, en changeant unilatéralement de stratégie, chaque coalition possède l'opportunité d'augmenter son gain d'une unité. L'équilibre de Nash devrait sans doute être celui du jeu avec répétition.

3. Le jeu de vote

Le jeu de vote, véritable type hybride, nous permet de déterminer le mode de choix des représentants dans le cadre d'une coalition. Le jeu de vote à majorité simple consiste à élire un candidat parmi un ensemble de p candidats. Les électeurs sont les joueurs et doivent voter pour un candidat. Le candidat obtenant le plus grand nombre de votes l'emporte. Souvent dans le vote, un joueur est chargé de départager en cas d'une égalité de score. Évidemment, certains électeurs peuvent décider de s'abstenir pour laisser la décision à une portion de la population. Les stratégies sont le choix d'un candidat parmi les p candidats.

Comme la majorité simple ne correspond pas nécessairement à la majorité absolue, un candidat minoritaire au sein de la population peut se trouver élu. Pour éviter cette situation, un deuxième tour de vote est instauré dans le cas d'absence de candidat majoritaire. En effet, le premier tour désigne les deux meilleurs candidats qui se confrontent au second tour. Le gagnant possède nécessairement une majorité absolue. Ce vote de la majorité à deux tours est le type de scrutin le plus utilisé pour les élections présidentielles et nationales.

Dans le jeu à vote simple, des coalitions peuvent se former pour assurer la victoire de leurs candidats. Une coalition gagnante est une coalition pouvant imposer la décision de son choix. Si la coalition contient plus de la moitié des votants, elle est nécessairement gagnante. Ce n'est souvent pas le cas. En effet une coalition gagnante est celle qui peut amener plus de la moitié des votants à choisir son candidat.

Un jeu de vote est dit propre si la propriété de cohérence, stipulant que toutes les deux coaltions A et A^c ne peuvent pas être gagnantes, est satisfaite. En d'autres termes, si une coalition est contenue dans l'ensemble gagnant alors son complémentaire par rapport à une quelconque entité est dans l'ensemble perdant. Plus simplement, si une coalition est gagnante, alors son complémentaire est perdant.

Une autre forme de vote, consistant pour chaque joueur à ranger les candidats suivant son ordre de préférence, est le jeu de vote par classement des candidats. Des points sont affectés à chaque rang avec le premier ayant la plus grande pondération. Cette dernière est décroissante par rapport au rang. Le candidat récoltant le plus de points est élu. Ce type de vote est souvent utilisé dans le cadre d'un groupe de joueurs relativement restreint, par exemple au niveau des entreprises.

Exemple 3 : Considérons 2 joueurs devant choisir parmi 4 candidats a, b, c et d avec leurs préférences présentées ci-dessous.

Joueur 1. $f(d) < f(c) < f(b) < f(a)$

Joueur 2. $f(d) < f(a) < f(c) < f(b)$

En affectant au premier 7, au second 5, au troisième 3 et au quatrième 1, le candidat b est élu avec 12 points suivis du candidat a avec 10 points. Le candidat d arrive en dernière position avec 2 points.

Une variante de ce vote est le jeu de vote par veto. La procédure consiste à demander à un joueur déterminé d'éliminer un candidat. Ensuite, un autre joueur doit éliminer un second et ceci tour à tour jusqu'au reste du candidat choisi.

Exemple 4 : Considérons l'exemple 3 ci-dessus avec la procédure de vote par veto : le joueur 1 élimine un candidat. Ensuite, le joueur 2 élimine un deuxième candidat. Finalement, un candidat est éliminé par le joueur 1 et le candidat restant est élu. Le joueur 1 possède une position privilégiée en intervenant deux fois dans le choix du candidat.

Le joueur 2 possède une seule stratégie prudente :
• Éliminer le pire candidat restant selon sa préférence.

Le joueur 1 possède par contre deux stratégies prudentes :
• Éliminer d au premier tour et le pire candidat restant selon sa préférence.
• Éliminer c au premier tour et le pire candidat restant selon sa préférence.

Ces stratégies assurent que les candidats c et d seront tous les deux éliminés laissant les mêmes chances aux candidats a et b d'être élus. Les deux stratégies du joueur 1 sont fortement prudentes. Ce jeu est inégal dans le sens où le joueur 1 a plus d'influence dans le choix du candidat à élire. Dans le cas général où le nombre de joueurs est strictement supérieur à deux, des coalitions peuvent se créer pour forcer l'élection de leur candidat.

4. Jeu de la diplomatie des pays africains

Nous considérons la représentation diplomatique des différents pays dans le jeu de relations internationales où chaque État doit être représenté diplomatiquement au niveau des pays et des organismes internationaux à travers ses ambassades et ses consulats. Cette représentation permet de tisser de meilleurs liens sociaux, politiques et économiques avec le pays hôte ainsi que de subvenir aux besoins de ses populations s'y trouvant. Elle est une fenêtre, un morceau de territoire d'un pays dans le territoire d'accueil. Ainsi, l'objectif de chaque pays est d'assurer une représentation partout où le besoin s'est fait sentir. Cette couverture totale est cependant très coûteuse et difficile à réaliser. Les États déterminent les pays où la demande est plus importante pour y installer une représentation diplomatique. Compte tenu de la limite des moyens et des priorités, les pays africains utilisent cette stratégie forcée et n'assurent souvent leur couverture que dans certaines puissances économiques et politiques. Ensuite, ils usent d'une stratégie de couplage des pays voisins qui ont des

flux assez modestes de demandes afin d'assurer une couverture de l'ensemble du globe. Les vastes étendues de
territoire de certains pays rendent ces stratégies difficiles
à mettre en œuvre. Au niveau des États-Unis d'Amérique,
cette multiplication des représentations est plus que nécessaire compte tenu de l'étendue du territoire et de la
forte présence d'immigrants dans les autres grandes villes
comme New York.

Par exemple, le Sénégal possède 48 ambassades et 96
autres formes de représentation réparties à travers le
monde[8].

En Europe, les ambassades sont au nombre de 11 et
couvrent les pays ; Allemagne, Belgique, Espagne, France,
Italie, Portugal, Pays-Bas, Pologne, Royaume-Uni, Russie
et Vatican. Dans certains pays, il existe en plus des ambassades, des consulats dans certaines grandes villes ; 9
consulats en France, 9 consulats en Italie et 5 consulats
en Belgique.

En Asie, un consulat est installé à Singapour tandis que
les ambassades au nombre de 10 couvrent les pays : Ara-
bie Saoudite, Chine, Émirats Arabes Unis, Inde, Iran, Japon,
Koweït, Malaisie, Qatar et Turquie.

En Amérique, le Brésil est la seule ambassade du Sénégal dans le Sud tandis que le Nord est complètement cou-
vert avec des ambassades au Canada et aux États-Unis.
Ceci révèle la faiblesse de la couverture du Sénégal en
Amérique du Sud. Toute cette grande superficie composée de pays comme l'Argentine, le Mexique et le Chili ne
dépend que du Brésil.

En Afrique, les ambassades du Sénégal au nombre de
21, couvrent les pays : Afrique du Sud, Algérie, Burkina
Faso, Cap-Vert, Côte d'Ivoire, Égypte, Éthiopie, Gabon,
Gambie, Ghana, Guinée, Guinée-Bissau, Libye, Mada-

8.www.embassypages.com/senegal_f : Consulté le 24 février 2017.

gascar, Mali, Maroc, Mauritanie, Nigéria, Togo, Tunisie et Zambie.

Les coûts pour assurer la couverture diplomatique du Sénégal sont assez élevés. En effet, la masse salariale du personnel des ambassades et consulats est passée de 173 milliards de F CFA en 2000 à 526 milliards en 2015. Même avec tous ces efforts, la couverture diplomatique honorable du Sénégal est dérisoire comparée à celle de la France qui possède le plus grand réseau après les puissances américaines et chinoises. La France possède présentement 163 ambassades et 92 consulats avec 32 pays dépendants d'ambassades françaises de pays voisins. Ceci nous permet de saisir toute la difficulté d'assurer une couverture totale.

La situation du Sénégal est relativement similaire à celle de beaucoup de pays africains. Un comportement de coopération des pays africains aurait permis de réduire considérablement les coûts tout en assurant une meilleure couverture. En effet, la mise en place de l'État fédéral aurait permis la fermeture des représentations au niveau de l'Afrique. Le Sénégal aurait réduit de fait son nombre d'ambassades par 21, car les ambassades africaines ne seraient plus nécessaires. La représentation au sein de l'ONU devrait être négociée pour confier un rôle plus important à l'Afrique. De plus, les pays africains pourraient également partager les aires de représentation et réduire considérablement les coûts tout en améliorant la qualité.

4

LE PARTAGE DU POUVOIR

*La fiabilité d'une coalition réside dans le
caractère équitable du partage de pouvoir.*

Par définition, les deux aspects de coopération et d'absence de coopération sont régulièrement présents dans la plupart des jeux coopératifs. En effet, la coopération est souvent une caractéristique optionnelle dans ces jeux. Même si elle est prise comme option, une dose d'absence de coopération continue souvent à exister entre les différentes coalitions. Cette possibilité de coopération dans ces jeux pose le problème de partage du pouvoir entre les différents joueurs impliqués. Le partage peut impliquer le gain global de la coalition, la représentation au sein des institutions et les coûts résultant de la coopération. Notons que la diversité des joueurs élimine toute possibilité de partage égalitaire. En effet dans le cas des relations internationales, il est impensable dans le cadre d'une Fédération de niveler une nation de 150 millions d'habitants avec une autre d'un million d'habitants. En théorie des jeux, ce problème de partage est très souvent résolu par l'application de la valeur de Shapley (Shapley et Shubik, 1954) dans le cadre des coalitions au niveau des relations internationales.

1. Coalitions et relations internationales

Une excellente modélisation des relations internationales peut être effectuée par l'application de la théorie des jeux avec les États, les organisations non gouvernementales (ONG) et les multinationales considérés comme étant les joueurs. Ce jeu est coopératif, car certains joueurs peuvent signer des accords entre eux pour maximiser leurs gains. Les relations internationales présentant une très grande diversité, suivant les intérêts impliqués, le jeu global est constitué de sous jeux. Par exemple, si nous considérons le commerce du coton, les joueurs sont les pays producteurs, les pays importateurs et les multinationales qui achètent le coton pour le transformer en fil et en tissus. Les autres pays, n'intervenant pas nécessairement, sont également des joueurs passifs, car jouant le rôle de consommateurs. En tant que tels, ils sont nécessairement des joueurs capables d'influencer toute l'industrie. Ce jeu englobant toutes les activités liées à la production et commercialisation du coton est un sous-jeu de celui plus général des produits de base.

La présence de coopération associative est plus accentuée pour certains jeux qui peuvent même forcer naturellement une coalition dichotomique. D'ailleurs, la nature est elle-même un super jeu, car toutes les interactions entre agents peuvent y être plus ou moins modélisées sous forme d'un jeu où se tissent des coopérations, des coalitions et des fusions. Par contre, le jeu induit entre ces coalitions est non coopératif à cause des aspects conflictuels impliqués. Dans le cadre des relations internationales, les différents pays cherchent à satisfaire leurs intérêts en plaçant des choix stratégiques tenant compte des autres institutions. Ils doivent également se faire une idée aussi précise que possible des stratégies susceptibles d'être choisies par les autres intervenants. Pour cela, la théorie considère l'hypothèse stipulant que les institutions concernées s'efforcent de prendre les meilleures décisions pour elles-mêmes.

Actuellement, dans l'économie globale induite par la mondialisation et par les nouvelles réalités géostratégiques, les États coopèrent à travers différentes formes d'alliance et coalitions. Avec 27 États membres, l'Union européenne continue à vouloir englober progressivement des nations européennes. L'Accord de Libre Échange nord-américain (ALENA) offre à ses membres, Canada, États-Unis d'Amérique et Mexique, des espaces vitaux de coopération et d'échanges. Cette situation pourrait cependant changer avec le nouveau président américain qui est en train de remettre en cause cet accord. La sécurité militaire de ces deux zones d'échange est partiellement assurée par l'OTAN, car le Canada et les États-Unis d'Amérique en sont membres. De même, en Amérique Latine et en Asie des créations de marchés communs sont continuellement en cours avec les organisations CARICOM (Marché Commun des Caraïbes) et MERCOSUR (Marché Commun du sud de l'Asie). Sur un autre plan, les nations plus puissantes sur le plan économique, avec une production globale d'environ 58 % du PIB mondial, se positionnent en leaders pour se concerter sur la situation économique mondiale à travers le groupe des huit (G8). Des partenariats sont également noués durant les rencontres annuelles de cette organisation, pourtant les pays membres comme l'Allemagne, le Canada, les États-Unis d'Amérique, la France, le Japon, l'Italie, le Royaume-Uni et la Russie, ne représentent que 13.1 % de la population mondiale.

Dans le jeu concernant les relations internationales, nous nous limitons aux relations concernant les nations africaines afin de les étudier à travers la théorie des jeux avec deux niveaux à considérer. Le premier, consistant à observer l'Afrique dans sa globalité, induit un contexte non coopératif entre les deux joueurs ; l'Afrique et le reste du monde (RDM). Pour pouvoir analyser cette diversité de relations et stratégies impliquées, nous devons restreindre le jeu à un domaine particulier. Comme les ressources sont rares et limitées, nous assistons obligatoirement à des conflits potentiels donc à un jeu non coopératif à somme nulle. Le deuxième niveau concerne les relations interafricaines et pourrait être abordé dans une réelle perspective de coopération. Dans le jeu global, les pays africains possèdent des rôles relativement marginaux. Par exemple, dans le jeu du coton, les prix sont principalement déterminés par le comportement des multinationales et les pays développés qui hébergent bien souvent les sièges sociaux de ces dernières. Les pays producteurs africains sont des suiveurs tandis que les leaders sont constitués des multinationales et des pays développés. Ce tableau révèle l'existence d'un véritable oligopsone. Par contre en coopérant ou en s'alliant à travers la création des États-Unis d'Afrique, les pays producteurs africains ont plus de voix au chapitre, ils passent du niveau de suiveurs à celui de leaders. Dans un tel cas de figure, l'Afrique deviendrait un joueur influent compte tenu des nouvelles possibilités stratégiques résultantes. D'ailleurs, l'objectif de ce livre est de mettre en place les bases nécessaires à la confection d'un outil servant à convaincre les dirigeants africains à opter pour l'État fédéral. À défaut de l'État continental, les pays africains s'organisent à travers des coalitions régionales pour optimiser leurs stratégies. La CEDEAO regroupe les 15 pays de l'Afrique de l'Ouest pendant que les pays arabes du nord tentent de constituer le Grand Maghreb. Depuis le Plan d'Action de Lagos de 1980, la Communauté économique des États de l'Afrique centrale (CEEAC) cherche à installer un Marché commun dans cette partie de l'Afrique. La Communauté d'Afrique de l'Est (CAE) s'attèle à la mise en place d'un marché commun dans l'Est avec l'objectif de la création d'une monnaie commune et dans le but de se transformer en une fédération. Cependant, les menaces actuelles de famine résultant de la sécheresse et de terrorisme du groupe Al-Shabaab sur le Kenya, pivot économique de la CAE, conjuguées à la crise politique au Burundi, sont en train d'anéantir ces ambitions d'unité régionale. Tout à fait au sud, la Communauté de développement d'Afrique australe (SADC) cherche à promouvoir le développement économique de l'Afrique méridionale. Avec 15 membres, la SADC dépasse les frontières usuelles réservées à cette région en englobant l'Angola, la RDC, la Tanzanie, le Zimbabwe, le Madagascar et les îles Seychelles. Dans toutes ces entités se pose la question de la représentativité de chaque pays au sein des chambres législatives ou d'associations permettant de veiller aux régulations. D'une manière ou d'un autre, il se pose directement ou indirectement le casse-tête du partage de pouvoir, dont un instrument de résolution est la valeur de Shapley.

2. Valeur de Shapley

Dans un jeu coopératif, la redistribution des gains entre les joueurs impliqués est très souvent nécessaire et devrait être effectuée de manière équitable afin d'assurer la fiabilité de l'association. À cause de la diversité des joueurs, ce problème de répartition des gains est assez difficile à résoudre. Shapley a proposé une répartition équitable, mais non égalitaire des gains entre plusieurs joueurs impliqués dans une coalition. Cette démarche suppose le partage d'une entité mesurable et transférable.

À toute coalition A est affectée une valeur v dépendante de A et dénommée fonction caractéristique du jeu. Elle mesure chaque coalition en tant que son gain induit ou ses coûts globaux de fonctionnement. Notons que si la coalition est vide, alors sa fonction caractéristique est nulle. L'idée de Shapley consiste à la satisfaction de certains critères, traduits à travers une série d'axiomes, nécessaires pour satisfaire un partage unique plus ou moins équitable. Ce partage par la valeur de Shapley induit pour chaque joueur i une valeur. $S_i(v)$. Elle indique la part du joueur i dans ce partage et vérifie les axiomes présentés et commentés ci-dessous.

Axiome du joueur nul : Cet axiome stipule le fait que si un joueur quelconque est tel que son ajout à une coalition quelconque n'améliore pas la valeur de cette dernière, alors sa propre valeur est nulle. En d'autres termes, un joueur sans valeur marginale par rapport à aucune coalition est sans valeur ou de valeur nulle.

De plus, la valeur de la coalition inexistante donc vide est nulle. Ceci assure que si une coalition se vide de ses propres joueurs, alors sa valeur devient nulle.

La première assertion de cet axiome peut être déduite de la deuxième en considérant une coalition qui s'est vidée. Dans ce cas si un joueur i est tel que son ajout à cette coalition vide n'améliore pas sa valeur nulle, alors la valeur du joueur est nulle.

Axiome de symétrie : Si pour toute coalition ne contenant pas les deux joueurs i et j l'ajout d'un quelconque de ces deux joueurs fournit le même niveau de valeur pour cette coalition alors ces deux joueurs, qualifiés de symétriques, possèdent la même valeur.

En d'autres termes, si les apports de deux joueurs au niveau de n'importe quelle coalition ne les contenant pas sont équivalents, alors leurs valeurs de Shapley sont identiques. La permutation de deux joueurs jouant des rôles similaires dans deux différentes, mais équivalentes coalitions devrait impliquer les mêmes parts. Notons que l'assertion d'égalité des valeurs de l'axiome de symétrie peut être déduite de l'axiome du joueur nul.

Optimalité de Pareto : La somme des valeurs de Shapley des différents joueurs i est égale à la valeur de la coalition. Cet axiome assure que la valeur totale soit effectivement répartie entre les différents membres.

Linéarité : Cet axiome stipule que si une coalition A intervient dans deux sous jeux avec des valeurs respectives v et w alors la valeur de la coalition A en considérant le jeu global est la somme de ces valeurs. De plus cette linéarité, introduite dans un souci de simplicité mathématique, indique que si au niveau d'une quelconque coalition, deux jeux de fonctions caractéristiques v et w sont considérés confondus en un seul et unique jeu, alors la valeur de Shapley du jeu global est égale à la somme des valeurs de Shapley des jeux définis par v et w.

À partir de ces axiomes, Shapley (Shapley and Shubik,

1954) a déduit une formule mathématique impliquant un partage équitable des ressources résultant d'une coalition. La part de chaque joueur peut ainsi être évaluée de manière équitable, mais pas égalitaire.

3. Représentation en Afrique de l'Ouest

Dans le cadre d'une coopération plus accentuée en Afrique de l'Ouest particulièrement au sein de la CEDEAO, chaque pays devrait être représenté au niveau de la chambre législative relativement à la proportion de sa population. En partant du principe de l'allocation d'un représentant pour chaque million d'habitants et des données démographiques de 2009 du tableau 4.1, la région obtient au total 290 sièges. L'allocation de sièges pour chacun des 15 pays pose le problème de partage de pouvoir, car l'instauration d'un partage égalitaire serait utopique et injuste. En effet, des diversités considérables existent entre ces pays impliquant des différences notoires de leurs apports individuels aussi bien sur le plan politique qu'économique. Une allocation, égalitaire entre le Nigéria avec une population estimée à plus de 150 millions d'habitants et le Cap-Vert d'environ 1 million d'habitants, ne serait pas raisonnable. D'ailleurs en considérant la proportionnalité démographique, les 150 sièges sont le fruit de l'apport nigérian tandis que celui du Cap-Vert est au plus d'un siège. D'un autre côté, nous ne pouvons pas nous fier seulement à la proportion, ce qui reviendrait à un dictat du Nigéria et en conséquence à une inutilité de la chambre législative. Pour éviter ceci, un quota égalitaire est alloué à chaque membre jusqu'à un dépassement minimal de la moitié des sièges. La dotation égalitaire de 10 sièges correspondant à un total de 150 constitue la valeur minimale permettant un recouvrement de plus de la moitié des sièges. Les 140 sièges restants sont par contre répartis proportionnellement. Ainsi pour tout pays i membre de la fédération d'une population de $P(i)$ millions d'habitants, avec un nombre de 140 sièges à partager, la dotation supplémentaire est définie par la fonction $v(i)$:

$$v(i) = \frac{140}{290} P(i)$$

La dotation totale sera la somme de la part égalitaire égale à 10 et de cette part proportionnelle. Pour chaque pays, elle permettra de fournir les parts de représentation utilisables dans les futurs partages de pouvoir ou de contribution. Plus forte est la représentation d'un pays plus importante sera sa contribution. Notons que, par manque d'information sur les valeurs réelles des différents pays dans le jeu, une approche approximative de la valeur de Shapley a été proposée. Elle est d'ailleurs celle présentement utilisée par la CEDEAO pour déterminer la répartition de ses parlementaires.

La représentation totale de chaque pays, basée sur leurs populations arrondies en 2009, est présentée à titre indicatif dans le tableau 4.1 ci-dessous. Cette évaluation devrait être réajustée au fur et à mesure en tenant compte de la démographie de chaque pays et des périodes de modification de la représentation. À partir du tableau 4.1, les pays peuvent être regroupés en quatre classes avec le Nigéria se détachant complètement avec 81 sièges. Le groupe de 21 sièges concernant la Côte d'Ivoire et le Ghana occupe la deuxième classe tandis que le troisième groupe est composé du Bénin, du Burkina Faso, du Mali, du Niger et du Sénégal avec 15 à 17 sièges. Le quatrième groupe, constitué des pays restants, possède une représentation de l'ordre de 10 à 13. Le coefficient d'allocation de chaque pays dans la représentation, fournie par la dernière colonne du tableau 4.1, peut être utilisé pour déterminer les cotisations et partager les gains résultant de la coalition.

Tableau 4.1 : Représentation en Afrique de l'Ouest

Pays	Millions d'hab (2009)[9]	Représentants	Coefficient d'allocation
Bénin	8.8	15	0.05155
Burkina Faso	16.2	17	0.05842
Cap Vert	0.5	10	0.03436
Côte d'Ivoire	21	21	0.072165
Gambie	1.8	11	0.0378
Ghana	23.4	21	0.072165
Guinée	10.3	15	0.05155
Guinée Bissau	1.7	11	0.0378
Libéria	3.5	12	0.041237
Mali	14.5	17	0.05842
Niger	15.3	17	0.05842
Nigéria	148	81	0.27835
Sierra Léone	6.5	13	0.044673
Sénégal	14	17	0.05842
Togo	5.9	13	0.044673
Total	290	291	1

9. www.populationdata.net (Populations arrondies, site consulté en mars 2011)

69

Partie 2

Fédération des États africains

« Tel est le défi lancé aux leaders de l'Afrique. Nous de-
vons saisir cette occasion exceptionnelle pour montrer que
le génie de notre peuple peut nous permettre de dépasser les
velléités de séparatisme en une multitude de petits États
souverains, puis construire rapidement, pour la plus gran-
de gloire de l'Afrique et le progrès de ses populations, une
union des États africains. »

K. Nkrumah[10]

10. Kwame Nkrumah, *l'Afrique doit s'unir, Études et Documents Payot, 1964*.
(Tiré du discours de L'Impératif *de l'unité prononcé* en 1963 par K. Nkrumah.)

La renaissance africaine devrait passer par la Fédération. Le Panafricanisme est son fondement de base.

En souvenir à tous ceux qui y ont contribué : H. Sylvester William, W.E.B. Du Bois, Marcus Garvey, George Padmore, Antenor Firmin, Kwame Nkrumah, Julius Nyéréré, Patrice Lumumba, Ahmed Sékou Touré, Frantz Fanon, Aimé Césaire, Houphouët Boigny, Jomo Kenyatta, Léopold Sédar Senghor, Thomas Sankara, Cheikh Anta Diop, Nelson Mandela...

La Fédération est la seule issue pour l'Afrique.

La colonisation l'a déchiquetée en lambeaux.

L'Afrique doit recoller tous ces morceaux.

La seule issue pour l'Afrique est la fédération.

5

FÉDÉRATION AFRICAINE

« La Fédération constitue une forme politique à part entière, distincte de la forme étatique, mais d'égale dignité. »

Olivier Beaud[10]

Scientifiquement considérée comme le berceau de l'humanité, avec 30 510 514 km² de superficie et une population de près d'un milliard d'habitants[11], l'Afrique est considérée comme le continent le plus pauvre du monde. En effet, parmi les 55 États qui la constituent, au moins 33 pays africains sont classés parmi les 49 moins avancés (PMA)[12]. L'Afrique est le fief de prédilection des conflits et des maladies. Ceci est en partie une conséquence de l'esclavage, de la colonisation et de la décolonisation. En effet, plus de quatre siècles de traite d'esclaves ont dépourvu l'Afrique d'une portion de sa force de travail tout en y installant la peur et la méfiance. La fin de cet ignoble commerce a fini par installer la colonisation qui a transformé l'Afrique en vache laitière pour des pays prétextant une mission civilisatrice. Cette situation a duré pendant plus d'un siècle. Dans certains cas, comme celui de l'Algé-

10. Olivier Beaud, *Théorie de la Fédération*, Paris, PUF, 2009, nouvelle édition, p. 456.
11. www.populationdata.net (consulté le 25 Avril 2013).
12. CNUCED. Les pays les moins avancés, *le Monde*. France, 2009.
http://lulupo.blog.lemonde.fr/category/organismes-officiels/cnuced (consultée le 15 Avril 2011).

rie, elle s'est terminée de manière brutale et inhumaine. Une décolonisation nécessaire, mais non réfléchie avait finalement forcé le déchiquetage de l'Afrique en plusieurs États. Pour preuve, on peut dénombrer de notables incohérences dans plusieurs zones du continent. L'exemple le plus patent est celui de la Gambie dans le Sénégal ; un pays dans un pays. Plus au nord, l'ancienne zone du Sahara occidental continue à être l'objet de dispute territoriale. Au sud, le nom de Guinée est réclamé par trois États africains dont deux sont voisins. Au Soudan, les résultats définitifs du référendum publiés le 7 février donnant un pourcentage de 98.83 % en faveur de l'indépendance ont abouti le 9 juillet 2011 au découpage du territoire en deux États[13]. Le nouveau Soudan du Sud a élevé le nombre des nations africaines à 55 États. Cette fin heureuse a malheureusement inspiré au Mali, ancien Soudan français, une recrudescence de la rébellion touarègue. En effet, le nord du Mali a été complétement conquis par une coalition de groupes bien armés avec des intérêts assez variés. L'intégralité du Mali a été temporairement sauvée en janvier 2013 par la France à travers son intervention militaire nommée opération Serval. Au centre de l'Afrique, les deux capitales les plus rapprochées au monde Brazzaville et Kinshasa s'observent à partir des rivages opposés du fleuve Congo pendant que leurs pays revendiquent le même nom. Au niveau de la corne de l'Afrique, l'Érythrée se rebelle contre l'Éthiopie pour affirmer son indépendance. Tout au bout de la Corne se situe un État, aujourd'hui en quête d'identité, appelée la Somalie. Au sud, le Lesotho baigne complètement dans l'Afrique du Sud. D'autre part sur le plan démographique, des groupes ethniques ont été divisés et dispersés entre deux ou plusieurs pays voisins. À tous points de vue, les frontières héritées de la colonisation ont révélé leur absurdité tout en continuant à être des sources de conflits. L'Afrique ne doit pas se laisser piéger par ce passé en s'apitoyant sur son sort ou en

---

13. Southern Sudan Referendum Commission, *Southern Sudan Referendum :* Final Results Report, 7 février, 2011.

se trouvant des excuses pourtant largement justifiées. Au contraire, elle a aujourd'hui besoin d'effectuer le cheminement inverse en recollant les morceaux du pot cassé afin de retrouver son unité donc son entité, son identité et sa dignité.

L'objet de cet ouvrage est, à partir des résultats de la théorie des jeux, de justifier scientifiquement la nécessité de la création des États-Unis d'Afrique. Ce livre met donc en place les bases d'un outil à confectionner visant à convaincre la tranche de la population hésitante ou réfractaire à l'idée de la fédération. Dans la première partie de ce livre, nous avons souligné que la théorie des jeux est le domaine approprié pour modéliser les relations internationales avec différents exemples d'illustration puisés dans l'expérience africaine. Pour chaque pays, il existe un certain nombre de sous-jeux permettant de caractériser globalement son économie et toute son intervention au niveau des relations internationales. Concernant ces différents sous-jeux, les gains sont connus et correspondent aux performances économiques actuelles de chaque État. Il est également possible de les étudier afin de déterminer les gains éventuels dans le cadre de la Fédération. Ainsi, nous pourrons dégager les avantages individuels et globaux de chaque État à l'érection du continent en État dans le but de convaincre les pays indécis, voire réfractaires. Notons cependant que les sous-jeux et les gains en résultant dépendent considérablement du type de fédération dont nous présenterons la forme et le processus de conception. Au préalable, nous devrions étudier les conditions de la mise en place de l'État continental tout en nous inspirant des expériences résultant des tentatives précédentes de fédération.

1. Conditions de mise en place de l'État

Sur le plan politique, l'idée de la création de l'État d'Afrique n'est pas nouvelle. Elle a vu le jour bien avant les années soixante, celles des indépendances, avec la naissance du panafricanisme. L'ancien président du Sénégal, Abdoulaye Wade[14] en fournit une définition assez édifiante présentée ci-dessous :

« Le panafricanisme est une aspiration des Noirs d'Afrique et de la diaspora qui s'identifient culturellement par leur appartenance à la civilisation négro-africaine ; puisant sa force dans la résistance pluriséculaire des Nègres à l'esclavage et à colonisation, cette aspiration se projette dans une unité politique du continent sous la forme des États-Unis d'Afrique. »

Le panafricanisme puise ainsi ses racines dans les soubassements les plus profonds de la période de l'esclavage. Ceci est illustré par une calebasse de jeu de mots tirés de cette ignoble expérience que nous présentons ci-dessous :

Tout dans l'odieuse opération qui les a arrachés de leurs terres d'Afrique.
Tout dans l'exploitation et l'hostilité au niveau de ces terres d'Amérique.
Tout dans les ignobles frustrations subies dans leurs terres d'accueil.
Tout dans les agressions sauvagement subies durant leurs recueils.
Tout dans les formes orchestrées d'assimilation de cette culture.
Tout dans les tentatives d'aliénation de leur propre culture.
Tout dans leurs profonds rêves de retour en Afrique.
Tout pointait vers le futur État d'Afrique.
Tout et tout.

Depuis l'indépendance du Ghana en 1958, le nouveau président Nkrumah n'a pas cessé, avec la complicité de Sékou Touré, de chercher à tracer une voie vers l'État d'Afrique. Pour lui cette orientation s'avérait être le véritable défi de toute la conscience et de l'intelligentsia africaine. Pour une grande partie de panafricanistes, l'indépendance devait déboucher sans délai vers l'État continental. D'ailleurs, c'est une des tentatives avortées en 1963 qui avait donné naissance à l'OUA (Organisation de l'Unité africaine) dont l'objectif était de promouvoir l'unité et la solidarité dans le continent. Ainsi, l'option plus

---

14. Wade Abdoulaye, *Un destin pour l'Afrique, L'avenir de l'Afrique*, éd., Michel Lafont, 2005.

souple et moins contraignante d'une organisation comme l'OUA avait pris le dessus sur celle d'une organisation plus risquée et moins prudente. En effet, les conditions de sa mise en place étaient loin d'avoir été réalisées, et ceci pour plusieurs raisons que nous relatons ci-dessous.

Maturité des États : L'Afrique était seulement constituée de 32 nations qui accédaient nouvellement à l'indépendance. Toute l'Afrique australe était encore sous dépendance coloniale. Même l'indépendance du Kenya n'était pas encore acquise. De plus, la plupart des pays indépendants n'étaient pas suffisamment prêts pour s'engager dans cette orientation qui leur semblait être une aventure.

Balkanisation : Le morcellement de l'Afrique venait fraîchement d'être parachevé par les pouvoirs coloniaux dans le but d'instaurer le néocolonialisme. Cette orientation était à cette période acceptée et défendue par une partie importante des dirigeants africains. En conséquence, il serait illusoire d'espérer d'eux un quelconque soutien à la création d'une quelconque unité fédérale.

Échecs de tentatives de fédération : La première Fédération entre le Ghana et la Guinée initiée par Nkrumah en 1959 n'a jamais fonctionné même si elle a obtenu le 24 décembre 1960 le renfort du Mali. Ce dernier venait à peine d'hériter du nom de la fédération qu'il a tenté de créer avec le Sénégal. D'autres échecs d'unification ont également été enregistrés un peu partout en Afrique.

Conflits potentiels : Les prémisses de conflits liés aux frontières sont apparues un peu partout en Afrique. C'est d'ailleurs cette motivation qui a amené l'OUA à adopter le respect des frontières tirées de la colonisation pour régler d'éventuels conflits. D'autres sources, moins physiques, sont constituées par les scissions ethniques et religieuses. Elles ont été souvent créées ou exacerbées par les pouvoirs coloniaux pour mieux asseoir leur autorité. Dans ce contexte de division, l'unité avait peu de chance de s'imposer comme une solution de survie.

Attrait du pouvoir : Une grande partie des présidents succombait à l'attrait irrésistible du pouvoir. En majorité, ils craignaient une perte de leurs souverainetés aux dépens d'une unité hypothétique. D'ailleurs, certains considérés très africanistes comme les présidents Habib Bourguiba et Modibo Keita ont par la suite démontré leurs très forts attachements au pouvoir.

Dépendance politique : Les nouveaux seigneurs africains recevaient en majorité les directives des anciens maîtres des lieux qui percevaient la marche vers l'unité comme une perte d'autorité. Les rares présidents comme Kwamé Nkrumah et Sékou Touré qui avaient réussi à rompre les liens de dépendance percevaient leurs pairs soumis comme des traîtres à l'Afrique. Dans cette ambiance, les voies vers l'unité africaine devenaient remplies d'embûches.

Dépendance économique : Sur le plan économique, les États africains continuaient en 1963 à dépendre uniquement de l'ancien colonisateur. Les monnaies étaient, en grande partie, arrimées au franc français ou à la livre sterling. Les liens interétatiques étaient inexistants. L'intégration économique avait ainsi un très long chemin à effectuer. De plus, son irréalisation constituait un grand prétexte pour remettre à plus tard le projet étatique.

La guerre froide : Comme les plus grands défenseurs de l'État fédéral dont Kwamé Nkrumah, Sékou Touré et Julius Nyéréré entretenaient des relations privilégiées avec les pays communistes, alors l'occident percevait l'unité de l'Afrique comme une menace. Les Africains devenaient ainsi les principales victimes de cette guerre d'idéologies.

Dans ce contexte, la création de l'OUA pouvait être perçue comme une réussite. Elle a su, plus ou moins, remplir sa mission avant de muter durant la réunion de 2002 à Durban en une organisation transitoire devenue l'Union africaine (UA). Cinq ans, plus tard en 2007, une tentative de sa mutation en État a avorté lors du sommet d'Accra. Ni la mémoire du père du panafricanisme africain, ni le symbole de pionnier du pays d'accueil n'ont pu peser suffisamment sur la balance en vue de la création de l'État fédéral.

2. Schéma du processus de fédération

Nous savons que la mise en place des États-Unis d'Afrique avec une adhésion complète des États serait une mission difficile, voire impossible. D'ailleurs, le Maroc vient tout juste de retrouver sa position de membre de l'Union africaine (UA) durant le sommet de janvier 2017. De plus, il existe des États membres indécis, voire réfractaires à l'idée de création de l'État fédéral. Ces États préfèrent le statu quo de l'Union africaine ou optent pour un passage progressif par l'intégration économique. La peur de perte de pouvoir et de souveraineté continue à avoir implicitement un effet sur une telle option. Pour réussir le passage à l'étape de fédération, il faudrait convaincre et rallier le maximum de membres possibles. Ceci constitue d'ailleurs l'objectif principal de ce livre. Si durant les années soixante, toutes les conditions n'étaient pas remplies, aujourd'hui la création de l'État[15] est une voie de survie. Certes, nous ne devons plus retarder cette mission créatrice, mais il ne faudrait pas non plus la précipiter. La prudence devrait continuer à être de rigueur. En effet, l'échec de la mise en place de l'État africain assurerait la mort définitive de cette idée salvatrice. Par rapport à la démarche proposée, il faudrait convaincre au moins 60 % des pays de chaque région pour tenter l'émergence de l'État fédéral. Ce seuil

15. Gningue Youssou, « L'intérêt d'un état fédéral africain démontré par la théorie des jeux », *Pambazuka*, no. 36, 2009.www.pambazuka.org/fr/category/features/62674).

correspondant à 36 États (tableau 5.1) au niveau continental est abordable compte tenu du fait que le nombre de réfractaires à la Fédération pourrait être estimé à moins d'une quinzaine de pays. Un plus ambitieux objectif, estimé à 80 % correspondant globalement à 44 États, serait même de l'ordre du possible (voir tableau 5.1). Dans les deux cas, ces pourcentages assureraient l'existence des 5 régions africaines et seraient conformes aux hypothèses de base de notre étude. Partant d'un niveau minimal d'adhésion, le schéma proposé repose principalement sur des principes de base fondés sur les consensus actuels des différents États et sur la situation actuelle qui prévaut dans l'Union africaine. La souveraineté respectée de chaque pays est la base et le fondement de la fédération.

Tableau 5.1 : Nombre de pays souhaitables pour la Fédération

Région	Nombre de pays	90 % des pays	80 % des pays	60 % des pays
Afrique de l'Ouest	15	14	12	9
Afrique du Nord	8	7	6	5
Afrique centrale	9	8	7	6
Afrique de l'Est	14	13	12	11
Afrique australe	9	8	7	5
Moyenne	11	10	9	7
Total	55	50	44	36

Le processus, basé sur la création des cinq états régionaux, est de forme pyramidale constituée de trois niveaux. Le premier niveau, formant le plancher, concerne les États constituant la Fédération qui engendrent les cinq États régionaux. Ils définissent ainsi le second niveau du processus. Le troisième niveau est l'ultime étape qui aboutit à l'État d'Afrique. Nous pouvons noter que dans ce processus de fédération, l'organisation régionale peut être entreprise avant la mise en place de l'État fédéral. Un État régional peut devancer le fédéral et même jouer un rôle important dans la naissance de ce dernier. Par exemple, les pays de la CEDEAO peuvent anticiper le processus et créer l'État régional de l'Afrique de l'Ouest. La création de ces unités peut ainsi accélérer la mise en place de l'État fédéral. En effet, la réussite d'un État régional pourrait induire un effet catalyseur dans le projet de fédération. Ainsi, le schéma est évolutif et compte sous l'effet de démonstration et de rationalité pour atteindre une adhésion plus complète des différents États. Ce processus pourrait également inciter et susciter, dans la mesure du possible, des démarches vers des fusions d'États surtout ceux de faibles dimensions superficielles et démographiques.

Pour signer l'acte de naissance de l'État d'Afrique dans ce processus, les États membres devront s'accorder sur deux pactes fédératifs en tant qu'opérations contractuelles et fondatrices de deux nouvelles institutions. Le premier pacte lègue de manière consensuelle un brin de souveraineté à l'état régional. Ensuite, le deuxième pacte scelle les relations entre les cinq États régionaux pour constituer la confédération africaine. Ce transfert, concernant plus les aspects sécuritaires et économiques, devrait procurer plus d'assurance et de souveraineté aux États membres. Ceci est d'autant plus vrai qu'il s'agit de micro-États économiquement très fragiles. Il serait dans ce cadre une aberration que d'opposer la souveraineté nationale au passage à la fédération. Dans ce sens, nous nous accordons avec l'idée d'Olivier Beaud[16] selon laquelle :

« On aborde trop souvent le concept de fédération en s'interrogeant sur le titulaire de la souveraineté, caractéristique par excellence de l'État. Or la souveraineté est

---

16. Olivier Beaud, *Théorie de la Fédération*, Nouvelle Édition, Paris, PUF, p. 456, 2009.

définie, sur le plan interne, par l'unicité du pouvoir sur un territoire déterminé et, sur le plan externe, par l'absence de pouvoir supérieur. Appliquer de telles définitions à une Union d'États aboutit à des apories inévitables. »

Notons que le processus pyramidal présenté ci-dessus n'est pas immuable. En effet, il est également possible de passer directement à l'étape ultime de l'État fédéral sans devoir emprunter le chemin des sous-états régionaux. Cette voie peut cependant être plus difficile à réaliser compte tenu de ses exigences d'adhésion majoritaire dans l'ensemble du continent. Le processus pyramidal proposé possède l'avantage de profiter des efforts précédemment entrepris sur le plan des intégrations politiques et économiques au sein des cinq États régionaux.

3. Les cinq États régionaux

Avec la Fédération, le jeu des relations internationales concerne les différents pays africains et leurs relations aussi bien internes qu'externes. Au sein même de l'Afrique, ce jeu, à plusieurs joueurs, est coopératif. Il peut se réduire à cinq États régionaux[17] constitués par l'Afrique de l'Ouest, l'Afrique du Nord, l'Afrique de l'Est, l'Afrique Centrale et l'Afrique Australe. Ces États régionaux constituant les cinq piliers de la Fédération sont séquentiellement présentés dans les prochaines sous-sections. Ils sont reconnus par l'UA et naturellement constitués par rapport au principe de voisinage et de coopération.

3.1. Afrique de l'Ouest

Ces pays sont déjà regroupés sous l'organisation régionale dénommée Communauté économique des États de l'Afrique de l'Ouest (CEDEAO) qui compte aujourd'hui 15 États membres (Bénin, Burkina Faso, Cap-Vert, Côte d'Ivoire, Gambie, Ghana, Guinée, Guinée-Bissau, Libéria,

---

17. Organisation des Nations Unies, « Composition des régions macro géographiques continentales », 2009.

Mali, Niger, Nigéria, Sénégal, Sierra-Léone et Togo). Ils sont situés au sud du Sahara et dans la partie occidentale de l'Afrique. C'est la région qui a subi le morcellement le plus insensé résultant des indépendances. Conscients de ce fait, des tentatives de fédération y ont été entreprises sous l'orientation de membres de la classe politique africaine comme Léopold Senghor et Modibo Keita. En janvier 1959, la Fédération[18] du Mali voyant le jour sous l'œil et le contrôle du « maître colonial » comprenait le Sénégal, le Soudan français (actuel Mali), la Haute-Volta (actuel Burkina Faso) et le Dahomey (actuel Bénin). Cependant dès le mois de mars, la Haute-Volta et le Dahomey se retirèrent. Modibo Keita et Léopold Senghor héritèrent respectivement des présidences du gouvernement et de l'assemblée. Pour encourager cette démarche unificatrice, le général De Gaulle promit, en tant que président français, l'indépendance de la Fédération dont la proclamation fut prévue pour le 20 juin 1960. Cependant, elle fut avortée, car cette coalition n'avait pas survécu jusqu'à cette date. Les dissensions entre les intellectuels sénégalais et soudanais entraînèrent son éclatement naturel. Le 20 août 1960, l'indépendance du Sénégal est proclamée tandis que le Soudan français obtient la sienne le 22 septembre pour devenir le Mali[19]. La base économique de cette région devrait être la CEDEAO qui cherche à promouvoir l'intégration économique avec comme point de mire la réalisation de l'union douanière. L'organisation vise également à établir une bonne coopération entre les différents pays membres. Son objectif est d'améliorer les conditions des populations et d'assurer les facilités en vue d'une croissance soutenue. Cette région inclut également l'organisation de l'UEMOA (Union économique et monétaire de l'ouest de l'Afrique) dont les pays membres partagent la même monnaie : le franc CFA (Communauté financière africaine). Ces membres au nombre de 8 (Bénin, Burkina Faso, Côte d'Ivoire,

18. Sékéné Mody Cissoko, *Un combat pour l'unité de l'Afrique de l'ouest : la Fédération du Mali (1959-1960)*, Nouvelles Éditions africaines du Sénégal, Dakar, 2005.
19. Guédel Ndiaye, *L'échec de la Fédération du Mali*, Nouvelles Éditions africaines, 1980.

Guinée Bissau, Mali, Niger, Sénégal et Togo) sont, sauf la Guinée Bissau, d'anciennes colonies de la France. La constitution de cette région devrait entre autres reposer sur ces acquis organisationnels. Cependant, elle devrait se défaire de l'orientation de l'UEMOA par la mise en place d'une monnaie au moins régionale. La région de l'Afrique de l'Ouest est l'une des plus avancées par rapport à l'organisation politique et économique en vue de la Fédération.

Cette région présente une très grande diversité sur le plan culturel et linguistique. Elle devrait tenir compte de la richesse de ces différences dans la mise en place de politiques linguistiques et éducatives permettant une promotion progressive des langues nationales africaines par rapport aux langues officielles étrangères, dont le français, l'anglais et le portugais.

La très grande diversité ethnoculturelle de cette région est une source potentielle de conflits. Il suffit de se souvenir des guerres civiles en Sierra-Léone et au Libéria. Au Nigéria, les conflits ethniques et religieux entre les populations du nord et du sud sont redondants. Même avec beaucoup de pertes humaines, le pire a été évité avec le conflit postélectoral de la Côte d'Ivoire. Une guerre civile prolongée aurait déstabilisé toute la région. D'ailleurs, les effets de la crise ivoirienne et de sa réconciliation future risquent d'être économiquement ressentis. Cependant, le conflit le plus insensé est le coup d'état militaire du Mali perpétré le 22 mars 2012, tout juste à un mois et sept jours des élections présidentielles pour lesquelles le président déchu ne pouvait pas être candidat.

3.2. Afrique du Nord

Cette région est constituée par les pays membres de l'UA que sont l'Algérie, l'Égypte, la Mauritanie, le Maroc, la Libye, le Soudan, la Tunisie et la RASD. Il faut noter que le Soudan a été amputé depuis le 9 juillet 2011 de sa partie australe. Ces pays sont particulièrement liés par la culture islamique et la langue arabe. Elle est la région située le plus au nord et au-dessus du Sahara. Il faut souligner que le Maroc avait cessé de jouer son rôle de membre depuis l'acceptation de la république sahraouie dans l'Union africaine. Notons qu'il serait souhaitable de créer l'unanimité dans le projet de fédération. Pour ce faire, il faudrait offrir la chance à tous les pays d'y participer. Le retour du Maroc dans l'UA est une excellente initiative. En effet, le Maroc n'avait pas d'intérêt à ne pas participer à ce projet de fédération. Il devrait jouer le rôle de chef de file de cette région et en tirer un profit considérable aussi bien sur le plan financier qu'économique. De même, l'Afrique a tout à gagner avec la participation du Maroc. D'ailleurs, le Maroc est membre de la communauté des États Sahélo-Sahariens (CEN SAD) qui regroupe 28 États des régions de l'Afrique de l'Ouest, du Nord et du Centre. Avec l'intention manifestée du Cap-Vert de devenir membre, l'organisation devrait bientôt atteindre le chiffre de 29. La Fédération doit également compter sur les pays du Grand-Maghreb qui comprend les cinq pays de cette région : l'Algérie, la Libye, le Maroc, la Mauritanie et la Tunisie.

3.3. Afrique centrale

Cette région est constituée par le Congo, la RDC (République démocratique du Congo), l'Angola, le Cameroun, le Gabon, la République centrafricaine, le Tchad, le Sao Tomé-et-Principe et la Guinée équatoriale.

La CEEAC (Communauté économique des États de l'Afrique Centrale) cherche à promouvoir l'intégration économique avec comme point de mire la réalisation d'une union économique. Ses membres, au nombre de huit, sont l'Angola, le Burundi, le Cameroun, le Congo, le Gabon, la Guinée Équatoriale, la Centrafrique, la RDC, Sao Tomé et Principe et le Tchad. L'organisation vise également à établir une bonne coopération entre les différents pays la constituant. Son objectif est d'améliorer les conditions des populations et d'assurer les facilités en vue d'une croissance soutenue. Cette région inclut l'organisation de la CEMAC (Communauté économique et monétaire de l'Afrique Centrale) dont les pays membres partagent la même monnaie qui est le franc CFA (Coopération financière en Afrique centrale). La constitution de cette région devrait entre autres reposer sur ces acquis organisationnels. Il faudrait tenir compte des diversités de tous les pays de la région. Les langues officielles y sont le français, l'anglais et le portugais.

3.4. Afrique de l'Est

L'Afrique de l'Est est une région désignant généralement les pays de la vallée du Grand Rift africain qui comprend les pays de la corne de l'Afrique (Érythrée, Éthiopie, Djibouti et Somalie) et les pays des Grands Lacs (Kenya, Ouganda, Tanzanie). Ces derniers sont les membres fondateurs de la communauté de l'Afrique de l'Est (CAE) qui est une organisation constituée de cinq pays, dont le Burundi et le Rwanda. Cette organisation constitue un potentiel précurseur de l'établissement d'un État régional en Afrique de l'Est. En effet, elle possède un projet de passage dans le futur à l'État fédéral. Pour cette raison, nous avons classé les républiques frontalières du Rwanda et du Burundi dans cette zone, même s'ils sont souvent rattachés à l'Afrique centrale. On peut également y associer les îles de l'océan indien ; Madagascar, Maurice, Seychelles, les Comores, Mascareignes qui sont des membres de la commission de l'océan indien (COI). Sa mission est l'initiation de programmes communs, de coopération diplomatique, politique et économique afin de créer les conditions d'une intégration économique.

3.5. Afrique australe

Cette région comprend l'Afrique australe, constituée de l'Afrique du Sud et de ses voisins directement frontaliers que sont la Namibie, le Botswana, le Zimbabwe, le Mozambique, le Swaziland et le Lesotho. Elle comprend également le Malawi et la Zambie.

La communauté de développement d'Afrique australe ou SADC (Southern African Development Community) est une organisation visant à promouvoir le développement économique des pays situés au sud de l'Afrique. Cette organisation est composée de 14 pays membres. Elle comprend 2 pays de l'Afrique centrale (l'Angola et la République Démocratique du Congo), 3 pays de l'Afrique de l'Est (la Tanzanie, le Madagascar et l'Île Maurice) et les 9 pays de la région australe. L'union douanière de l'Afrique australe, appelée SACU et constituée par l'Afrique du Sud, le Botswana, le Lesotho, la Namibie et le Swaziland, est intégralement incluse dans cette communauté.

3.6. La Diaspora africaine

La Diaspora africaine est considérée par l'UA comme sa sixième région. Pour lui confier ce rôle, il est nécessaire que sa représentation soit réellement assurée et que l'Afrique lui prête plus d'attention. L'Afrique doit répertorier toute sa diaspora afin de la faire intervenir d'une manière efficiente dans sa quête de développement. Elle doit exploiter cette expertise dispersée et, au besoin, rapatrier ceux qui le désirent. Combinée avec une bonne politique de rapatriement, l'Afrique devrait pouvoir négocier la régularisation de sa population en situation irrégulière dans les pays du Nord. Les situations auxquelles nous assistons sont inadmissibles. Nos compatriotes sont privés de leurs droits les plus élémentaires. Certaines personnes, restées plus de dix ou quinze ans sans avoir l'opportunité de rendre une visite à leurs familles, ont l'embarras du choix. Partir pour ne plus revenir et se retrouver dans l'impossibilité de nourrir leurs familles ou rester dans ces prisons dorées. Certaines sont d'ailleurs dans de véritables prisons parce qu'elles sont des sans-papiers et elles continuent à se débattre pour ne pas subir le voyage du retour forcé, attachées ou droguées. Pendant ce temps, nos pays détournent leurs regards au nom de la légalité. Depuis quand l'illégalité de droit de séjour a-t-elle une quelconque préséance sur les droits de l'homme ? Pourtant les pays du Nord ont tout à gagner avec la reconnaissance de cette population fantôme qui contribue à leur marche. Avec la mise en place de l'État, l'Afrique devrait s'occuper de la situation de tous ses citoyens, quels que soient leurs lieux et conditions de séjour.

4. L'État d'Afrique

Avec la fédération, les relations internationales pourraient également être perçues comme un jeu non coopératif entre les deux joueurs que sont l'Afrique et le reste du monde (RDM). L'étude de ce jeu devrait nous permettre d'analyser les relations et stratégies impliquées afin d'optimiser les gains de l'Afrique dans sa globalité. Dans ce sens, il nous faudrait restreindre le jeu à des domaines particuliers qui ont une incidence sur le continent. Les ressources naturelles étant rares et non renouvelables pour l'essentiel, les conflits à venir sont tout à fait prévisibles à cause de la convoitise dont elles font l'objet. Dans cette optique, les stratégies de chaque joueur pourraient être dressées et adoptées. Ainsi, le jeu à deux joueurs entre l'Afrique et le reste du monde (RDM) peut se résumer sous forme matricielle. Des investissements autres que ceux des pays directement impliqués dans un sous-jeu pourraient être sollicités. Cette stratégie, auparavant inaccessible, serait devenue une dominante pour les pays africains bénéficiaires. Les multinationales du RDM auraient eu beaucoup plus de considération pour l'Afrique qui passerait d'une position de suiveur ou follower, à celle de leader. Il serait possible d'étudier de manière plus approfondie ces jeux afin de déterminer les différentes formes d'équilibres dont la plus fréquente dans le cas des jeux non coopératifs est l'équilibre de Nash. Le Nobel d'économie[20] a démontré que

---

20. Nash John, « Non cooperative Games », Annals of Mathematics, vol. 45, p. 285-295, 1951.

pour ces problèmes, il existe au moins un tel équilibre. Si les stratégies sont présentées sous forme d'arbre, cet équilibre peut être calculé en partant des sommets terminaux de l'arbre et en appliquant le principe d'induction vers l'amont. L'étude de la stabilité d'un tel équilibre est souhaitable pour une plus grande compréhension par rapport au jeu et donc un meilleur comportement stratégique. Toute la configuration internationale devrait être modifiée par la création de l'État africain. La réussite du projet de l'unification des États ne bénéficie pas uniquement à l'Afrique, mais à tout le reste du monde. Nous avons noté que les sous-jeux entre l'Afrique et le RDM sont à somme non nulle. Cependant, le jeu global ne l'est curieusement pas. Ceci est assez bien illustré à travers la dernière section intitulée l'inversion migratoire.

5. Inversion migratoire vers l'Afrique

Une idée très répandue en Afrique, souvent exprimée lors de mes interventions sur le projet fédératif, est l'appréhension de son blocage par les États européens. Si ce sentiment était largement justifié durant les premières années d'indépendance, il est actuellement sans fondement. Par rapport à la situation de l'Afrique, l'Europe est plus préoccupée par les marées humaines et migratoires qui envahissent ses côtes. En effet, depuis le début des années 2000, nous assistons de plus en plus à une vague de migration d'Africains vers l'Europe. Ces migrants ont souvent utilisé des pirogues de fortune surchargées pour rejoindre l'Europe par l'Espagne. D'autres ont choisi de tenter de franchir les barrières en grilles séparant le territoire marocain et les deux villes espagnoles que sont Ceuta et Melilla. Depuis l'année 2012, avec la crise de la Libye, les migrants ont trouvé cette voie plus abordable. À partir des côtes situées entre Zouara et Misrata, ils tentent de gagner la Sicile ou l'île de Lampadusa, transformant la méditerranée en cimetière humaine. Durant la seule journée du dimanche 19 avril 2015, près de 800 migrants ont perdu la vie dans un seul naufrage intervenu lors du secours d'un bateau en perdition[21]. L'Europe, se trouvant impuissante devant ce déferlement et gênée par son absence d'assistance, cherche en vain à proposer des solutions à cette forme d'immigration forcée. La solution se trouverait dans une stabilisation des économies africaines. La Fédération devrait redonner l'espoir dont l'Afrique aurait besoin. Et l'Europe a tout intérêt à supporter ce projet dont la réussite pourrait provoquer une inversion migratoire. Au niveau de l'Organisation des Nations Unies (ONU), la représentation africaine serait nécessairement revue. L'entrée de l'Afrique au sein du conseil de sécurité deviendrait une réalité. Les coûts impliqués par les représentations individuelles seraient considérablement réduits. Dès sa proclamation, l'État fédéral occuperait la première place mondiale sur le plan de la superficie. En effet, avec une superficie de 30 510 514 km^2, l'Afrique devancerait de loin la Russie qui occupe la première place avec environ 17 millions de km^2. Sur le plan démographique, l'Afrique pourrait réduire son taux de mortalité par une élimination des conflits et des guerres. Ceci, conjugué avec un programme de santé au sein du continent, induirait une réduction de la mortalité infantile et une espérance de vie plus honorable. Avec le taux d'accroissement démographique le plus élevé de 2.8 % en 2008, la population africaine estimée à plus de 1 milliard devrait en conséquence supplanter, sous peu, celle de la Chine. Le pôle d'attraction économique et financier du monde se serait déplacé pour converger progressivement vers le berceau de l'humanité. Certains migrants africains installés en Europe n'auraient plus aucun intérêt à y demeurer. Avec cette prometteuse situation combinée à des politiques de retour, ils commenceraient progressivement à effectuer le sens inverse. En conséquence, on assisterait à un phénomène d'inversion migratoire. L'Europe a ainsi tout intérêt à participer à la réussite de ce projet fédératif. Actuellement, la décision de mise en place des États-Unis

---

21. www.jeuneafrique.com/Article/ARTJAWEB20150421084244

d'Afrique se trouve uniquement sous la responsabilité des Africains et de leurs décideurs. L'Union africaine a honoré son mandat, mais atteint ses limites. Il est temps qu'elle soit remplacée par une structure plus unificatrice.

6

REPRÉSENTATIONS DANS
LA FÉDÉRATION

Autour du baobab, un reflet des populations.

Dans ce chapitre, nous fournissons le mode de représentation des populations dans les chambres législatives et les comités exécutifs aussi bien dans le cadre régional que fédéral. L'objectif serait d'assurer une bonne représentativité des hautes autorités administratives afin d'appuyer le schéma du processus de fédération. Notre démarche assure un partage équitable entre les membres et pose les prémisses d'un respect de règles démocratiques et de justice. Pour mieux la cadrer, nous considérons que tous les pays africains sont impliqués dans la fédération. L'adaptation à une situation impliquant plus du seuil de 60 % d'adhésion au niveau de chaque région est possible. Cette hypothèse assure le découpage en 5 régions et la fiabilité des conditions de mise en place de la fédération par le processus pyramidal. En considérant chacune des régions, nous dégageons les grandes lignes du processus de représentations de leurs membres au niveau régional ainsi qu'au sein de l'autorité fédérale. Dans ce sens, nous présentons au préalable les règles de représentation orientant le partage du pouvoir.

1. Types de pouvoirs

Dans cette section, nous présentons les différentes formes de pouvoir aussi bien au sein des États régionaux qu'au niveau de l'État fédéral. Comme dans toute démocratie moderne, ces pouvoirs législatifs, judiciaires et exécutifs devront s'exercer de manière indépendante au niveau des trois paliers que dégage l'union pyramidale des États africains.

1.1. Pouvoir législatif régional et fédéral

Le pouvoir législatif, émanant du peuple, est exercé à travers les différentes lois votées par les élus des assemblées constituées. Le premier palier de ce pouvoir concerne les assemblées nationales qui s'occupent de la législation des pays membres. C'est à ce niveau que se ressent la souveraineté du pouvoir législatif national qui s'occupe des questions purement internes. La mise en place de l'Union des États ne se préoccupe nullement de cette législation nationale. Par contre, sa mission serait d'articuler ces différentes législations d'abord sur le plan régional et ensuite sur le plan fédéral. En effet, la législation régionale devrait concerner les questions purement régionales dépassant le niveau national. Elle s'occupe de l'interaction des institutions régionales aussi bien privées que publiques. Elle est également chargée de l'harmonisation des taxes et de la tarification régionale.

1.2. Pouvoir judiciaire régional et fédéral

Le pouvoir judiciaire, ombre du législatif, est chargé d'interpréter les textes de loi. En conséquence, le pouvoir judiciaire s'exerce également aux trois niveaux ; national, régional et fédéral. En effet, la justice nationale s'occupe des questions purement domestiques tandis que la justice régionale se charge d'articuler les actions entre les institutions régionales. Enfin, au troisième palier, intervient la juridiction fédérale qui articule les différentes lois régissant les liens entre les cinq États régionaux.

1.3. Pouvoir exécutif régional et fédéral

Comme les deux précédents pouvoirs (judiciaire et législatif), l'exécutif s'exerce également aux mêmes trois niveaux de paliers. Il est principalement chargé d'appliquer les décisions juridiques et de veiller à la bonne marche de l'État sur les plans socioéconomiques, éducatifs et politiques.

Dans chaque État régional, un comité exécutif devrait être mis en place. Ce comité composé d'un nombre fixe d'élus doit comprendre au moins deux membres de chaque pays, constituant sa dotation fixe et égalitaire de représentants. Il intègre également les chefs d'État des pays membres pour devenir le comité exécutif élargi. L'implication des présidents en exercice offre l'opportunité d'établir et d'assurer une meilleure coopération régionale. Ainsi, pour des raisons d'information, les décisions et les orientations régionales ne devraient pas entrer en conflit avec celles des pays membres. Les présidents des États ont également la possibilité de se faire représenter dans ce comité élargi dont un nombre raisonnable de membres serait de l'ordre d'une quarantaine. En effet, cet ordre devrait faciliter la satisfaction des dotations de chaque pays. Parmi les membres du comité, quatre représentants de la région devraient être élus pour servir dans l'exécutif de l'État fédéral. Ainsi, les présidents des États détiennent la possibilité d'être élus dans le comité fédéral constitué de 20 membres. Cependant, leurs élections ne pourraient être entérinées qu'après leurs démissions de leurs positions de présidence.

Un comité exécutif restreint d'une dizaine de membres devrait être sélectionné du comité élargi pour s'occuper des charges de l'état régional. Ce comité réduit constitue l'autorité régionale de laquelle le président régional est élu. Notons également, l'opportunité est offerte aux présidents en exercice de se présenter comme membre du comité restreint. Cependant, ils devraient démissionner de leurs précédentes charges de présidents de pays membres. Notons que le nombre de membres de l'exécutif régional varie suivant la région.

Les élections des quatre représentants peuvent être effectuées et simplifiées en restreignant les électeurs au comité exécutif régional et à la chambre régionale. Ainsi, les voix de l'ensemble des populations sont exprimées par procuration à travers le vote des élus régionaux. Ce vote par procuration réduit considérablement les coûts tout en assurant une représentation démocratique.

Ainsi, ce processus permet de déterminer un comité fédéral et des comités régionaux qui s'occuperaient à plein temps des affaires des États régionaux ainsi que du fédéral. Compte tenu des tâches et difficultés à surmonter, l'Afrique ne peut pas se permettre des représentations symboliques de rotation de présidents. Ce processus réserve cependant à tout président de pays membres le droit de se présenter pour briguer le mandat suprême de l'État fédéral ou de membre du comité exécutif réduit de l'État régional. Il faut noter qu'un président élu à ce poste fédéral devrait démissionner de celui de président de pays membre. Cette règle reste également valable pour tout président qui à la fin du processus accepte son élection au comité exécutif afin d'éviter le cumul de mandats. Avec cette structure pyramidale, les États interviennent en tant que joueurs au plan régional pour constituer les cinq États régionaux. La représentation de chaque pays est exprimée au niveau régional. Par contre au plan fédéral, les voix des cinq régions sont les plus exprimées.

2. Règles de représentation au niveau législatif

Dans le cadre de la mise en place de l'État africain, chaque pays devrait être représenté aussi bien dans sa région qu'au niveau fédéral. Pour assurer les dotations de chaque région, nous partons de l'hypothèse d'allocation d'un représentant pour chaque million d'habitants. Compte tenu de la population du continent d'environ 1000 millions d'habitants[22], ceci correspond à l'ordre de 1000 représentants au total soit une moyenne de 200 par régions. Ces chiffres sont plus que raisonnables comparés aux nombres d'élus actuels dans les différentes chambres législatives des pays africains.

2.1. Chambre législative régionale

Dans le cadre de la Fédération, chaque région est un État fédéré et doté de certains pouvoirs législatifs, exécutifs et judiciaires. Comme nous l'avons noté précédemment, le nombre de représentants au niveau de la chambre législative est approximativement fourni par la population régionale. Chaque pays devrait assurer sa représentation régionale et fédérale. L'allocation de sièges aux différents pays de la région pose le problème du partage de pouvoir. Nous avions déjà souligné dans la section 3 du chapitre 4 qu'il serait utopique et injuste d'instaurer un partage égalitaire. L'exemple du Nigéria avec une population d'environ 150 millions d'habitants par opposition avec le Cap-Vert avec moins d'un million d'habitants y avait été fourni pour mieux illustrer cette idée. C'est en partie pour réduire cette disproportion que certains panafricanistes[23] ont suggéré une subdivision préalable du Nigéria en cinq États. Cette idée est loin de régler la question, car elle risque de susciter une plus grande résistance par rapport au processus de fédération. En plus, il existe d'autres exemples similaires d'absence de proportionnalité tels que l'Afrique du Sud et le Lesotho. En effet, sur une carte géographique, le Lesotho ressemble à un point complètement enclavé dans le territoire de l'Afrique du Sud. Faudrait-il aussi subdiviser l'Afrique Sud ? L'idée

---

22. www.populationdata.net (consulté le 15 Avril 2013).
23. Wade, A. *Un destin pour l'Afrique* L'avenir *d'un continent*, éd., Michel Lafont, 2005.

de subdivision initiale risque de nous détourner de notre principal objectif d'unité. Surtout si l'on sait qu'il existe d'autres diversités considérables entre des pays comme les deux Congo. En adoptant cette idée de division, l'Afrique risque de s'embourber en créant de nouveaux conflits frontaliers. D'un autre côté, nous ne pouvons pas nous fier seulement à la proportion, ce qui reviendrait à un dictat des pays comme le Nigéria, la République démocratique du Congo et l'Afrique du Sud. En conséquence, ceci pourrait induire une inutilité de la chambre législative. Notre démarche consiste à accepter cette diversité des États au niveau des apports individuels aussi bien sur le plan politique qu'économique tout en y tenant compte au moment des partages de pouvoir.

L'approche consiste à déterminer le nombre de représentants de chaque région par le principe de proportionnalité. Ces sièges sont par la suite partagés entre les différents membres de la région considérée. Pour éviter le dictat d'un quelconque pays, un quota égalitaire est alloué à chaque joueur jusqu'à un dépassement minimal de la moitié des sièges. Le reste des sièges est par la suite partagé entre les différents pays en tenant compte de la proportionnalité de leurs populations. Pour associer la Diaspora considérée comme pseudo-région, il lui est attribué un siège de la dotation égalitaire de chaque pays. La démarche ainsi décrite est développée dans la section 3 du chapitre 4. Nous y avons présenté l'exemple de l'Afrique de l'Ouest avec une dotation de 290 sièges. Comme la moitié des sièges est de 140, les 15 pays membres ont chacun 10 sièges pour assurer une dotation globale supérieure à la moitié. La dotation égalitaire de 10 sièges est la minimale permettant un recouvrement de plus de la moitié des sièges. Cette dotation permet d'éviter la dictature du Nigéria qu'aurait favorisé un partage proportionnel. Les sièges restants au nombre de 140 seront répartis proportionnellement.

Ainsi, pour tout pays i membre de la Fédération d'une population de $P(i)$ millions d'habitants, avec un nombre de S sièges à partager dans une région d'une dotation fédérale de R sièges, la dotation supplémentaire est définie par la fonction $v(i)$

$$v(i) = \frac{S}{R} \; P(i).$$

Si nous notons E la dotation égalitaire et fixe, alors la dotation totale $D(i)$ est

$$D(i) = E + v(i).$$

Elle est la somme de la dotation fixe et de la part proportionnelle en fonction de la région. La dotation totale $D(i)$ permet de fournir les parts de représentation utilisables dans les futurs partages de pouvoir ou de contribution. La cotisation de chaque pays sera proportionnelle à sa représentativité. Plus forte est la représentativité d'un pays plus importante sera sa contribution financière.

2.2. Chambre législative et fédérale

Pour assurer la représentation de chaque pays membre, deux sièges dans la chambre fédérale sont alloués à chaque pays. En plus de cette dotation fixe et égalitaire, une part, évaluée à 10 % de sa représentation régionale, est à chaque pays comme supplément. Par exemple si un pays détient une représentation régionale de 20 sièges, il lui sera alloué une dotation fédérale de 4 sièges. Les deux sièges représentent la dotation égalitaire tandis que deux autres sont les 10 % de sa représentation régionale. Cette représentation F peut ainsi être évaluée par la formule :

$$F = \; 2 + 10\,\% \; D(i) = 2 + 0.1 \; D(i)$$

Nous pouvons justifier le choix du pourcentage de 10 % par le fait que la dotation globale étant approximativement de 1000 représentants au niveau des chambres régionales, le nombre de représentants dans la chambre fédérale serait :

$$F = (2 * 55) + 10\% * (1000) = 210$$

Il est du même ordre que la moyenne régionale de 199. La valeur de 55 est le nombre de pays membres ayant chacun une dotation globale fixe égale à 2. Le paramètre de 10 % est l'approximation entière par excès du taux correspondant exactement à la moyenne régionale.

3. Représentations législatives par région

En partant de ces règles de représentation, nous fournissons pour chaque pays son quota de représentants aussi bien sur le plan régional que fédéral. Du même coup, nous obtenons les dotations globales de chacun des États régionaux. L'exercice proposé dans cette section a pour principal but de montrer la possibilité de détermination du nombre de représentants de chaque pays tout en tenant compte de la diversité démographique. Les données démographiques arrondies de l'année 2009[24] sont utilisées pour déterminer les différents tableaux fournissant les allocations de chaque pays. Ces dotations ne sauraient être fixes compte tenu des changements continuels de ces données.

3.1. Afrique de l'Ouest

Cette région est celle qui regroupe le plus grand nombre de pays et avec une plus grande diversification au niveau de leurs dimensions et populations. La représentation de chaque pays est fournie par le tableau 4.1 du chapitre 4. Nous n'avons pas besoin de la fournir à nouveau dans cette section. Nous y avons noté une classification en quatre classes. Le Nigéria détenant plus du quart des sièges se détache clairement du lot avec 81 représentants. La Côte d'Ivoire et le Ghana occupent le deuxième groupe possé-

---

24. www.populationdata.net (Populations arrondies, site consulté en mars 2011)

dant une représentation de l'ordre de vingt avec 21 sièges chacun. La troisième classe constituée par les pays possédant 15 à 17 représentants comprend le groupe (Bénin, Burkina Faso, Guinée, Niger et Sénégal). La dernière et quatrième classe est constituée des 7 pays restants avec 10 à 13 représentants. Cette classification peut être réduite en trois groupes par la combinaison des deuxième et troisième classes en une seule.

3.2. L'Afrique du Nord

Dans cette région, il serait très difficile d'obtenir une adhésion totale de tous les membres. D'ailleurs, le Maroc avait arrêté de siéger à l'Union Africaine (UA) pendant plus d'une trentaine d'années depuis l'adhésion de la République de Sahraoui. Il vient tout juste de réintégrer l'organisation lors du dernier sommet de Janvier 2017 tenu à Addis Abeba. Ce retour souhaitable n'implique pas nécessairement une acceptation mutuelle de ces deux voisins et il serait illusoire de penser qu'ils seraient prêts à partager un même État régional. Cependant le fait d'être dans un même État peut rendre caduque les velléités territoriales du Maroc ou définitive la résolution de ce conflit.

Dans le cadre de cet exercice de partage, nous considérons que les 8 États sont membres de la Fédération. Cependant, même si cette hypothèse est peu vraisemblable, nous préférons avoir une démarche inclusive. D'autant plus que l'ajustement par rapport à ce nombre est facile à effectuer. Compte tenu d'une population régionale de 205.8 millions d'habitants, le nombre des sièges alloués à cette région est de 206. Avec 8 pays membres, la dotation égalitaire minimale permettant de dépasser la moitié des sièges est de 13 ce qui fournirait 104 sièges avec 102 restants. Ces sièges supplémentaires sont affectés en tenant compte de la proportionnalité par rapport à la population. La représentation de chaque pays est présentée dans le tableau 6.1 ci-dessous.

Tableau 6.1 : Nombre de représentants de chaque pays
de l'Afrique du Nord

Pays	Population	Chambre régionale	Chambre fédérale	Part
Algérie	36 275 358	31	5	0.1505
Égypte	82 079 636	54	7	0.2621
Libye	6 597 960	16	4	0.0777
Mauritanie	3 364 940	15	3	0.0728
Maroc	34 343 219	30	5	0.1456
Sahraouie	382 617	13	3	0.0751
Soudan du Nord	31 937 965	29	5	0.1405
Tunisie	10 629 186	18	5	0.0874
Total	205 870 881	206	37	1

Dans ce tableau, nous pouvons noter qu'au fédéral, tous les pays ont une représentation du même ordre. C'est au plan régional que s'installe une disparité notoire. Trois classes se dessinent assez clairement avec en première position la nation égyptienne possédant plus du quart des 206 sièges alloués à la région. L'Algérie, le Maroc et le Soudan occupent la deuxième classe avec une représentation de l'ordre de la trentaine. Finalement, la troisième classe des dizaines est occupée par les pays restants qui sont par ordre décroissant la Tunisie, la Libye, la Mauritanie et la République de Sahraouie.

3.3. L'Afrique de l'Est

La représentation de chaque pays de cette région est fournie par le tableau 6.2 ci-dessous. Le nombre de sièges à partager estimé à 257 découle de la population régionale de l'ordre de 256.9 millions d'habitants. Avec 14 pays membres, la dotation égalitaire minimale permettant de dépasser la moitié des sièges est de 10. Ainsi, il reste 117 sièges supplémentaires à affecter en tenant compte de la proportionnalité par rapport à la population. Nous pouvons noter qu'au fédéral, tous les pays ont une représentation du même ordre. Par contre, au plan régional, s'installe une disparité notoire avec quatre classes se dessinant assez clairement. L'Éthiopie, occupant la première classe, possède à elle seule un peu moins du cinquième des sièges.

La Tanzanie, le Kenya et l'Ouganda occupent la deuxième classe avec des représentations situées entre 27 à 30 sièges. La troisième classe est occupée par la Somalie et Madagascar avec des représentations situées entre 17 et 21 sièges. La quatrième classe est occupée par les pays restants avec une représentation de l'ordre de la dizaine comprise entre 11 et 14 sièges. Cette dernière classe est constituée par ordre décroissant de l'Érythrée (14), de l'île Maurice (12), de Djibouti (11) et des Seychelles (11). Le siège de l'Union africaine est situé dans cette région plus précisément en Éthiopie qui devrait continuer à jouer ce rôle au sein de la Fédération. En conséquence, les chambres législatives et comités exécutifs fédéraux devraient être localisés dans la capitale éthiopienne.

Tableau 6.2 : Nombre de représentants de chaque pays
de l'Afrique de l'Est

Pays	Population	Chambre régionale	Chambre fédérale	Part d'allocation
Burundi	8 691 005	14	3	0.0543
Comores	752 438	10	3	0.0386
Djibouti	882 844	10	3	0.0386
Érythrée	5 647 168	13	3	0.0504
Éthiopie	76 065 271	45	7	0.1744
Keynia	37 953 831	27	5	0.1047
Madagascar	20 042 551	19	4	0.0736
Maurice	1 281 699	11	3	0.0426
Ouganda	32 369 558	25	5	0.0969
Rwanda	10 473 282	15	3	0.0581
Seychelles	87 476	10	3	0.0504
Somalie	13 332 017	16	4	0.0620
Soudan du Sud	8 260 490	14	3	0.0543
Tanzanie	41 048 532	29	5	0.1124
Total	256 888 162	258	54	1

3.4. L'Afrique centrale

Compte tenu d'une population régionale de l'ordre 123 millions d'habitants, le nombre de sièges alloués à cette région est de 123. Avec 9 pays membres, la dotation égalitaire minimale permettant de dépasser la moitié des sièges est de 7. Ainsi, il reste 60 sièges supplémentaires à affecter en tenant compte de la proportionnalité par rapport à la population. La représentation de chaque pays est présentée dans le tableau 6.3. La représentation fédérale y est de même ordre pour tous les pays. Par contre, au plan régional, s'installe une disparité notoire avec trois classes. La RDC détient un peu plus du quart du total des sièges. La deuxième classe occupée par le Cameroun, l'Angola, le Tchad et la Centrafrique est celle des représentations de l'ordre de la dizaine de sièges. Les pays restants occupent la troisième classe avec des représentations de l'ordre de l'unité. Les pays jumeaux le Burundi et le Rwanda peuvent être classifiés aussi bien à l'Est qu'au Centre. Nous avons privilégié l'Est à cause de leur appartenance à la communauté économique de l'Afrique de l'Est (CAE) qui possède de sérieuses velléités fédératives. De même, la République d'Angola pourrait être affectée au Centre comme au Sud.

Tableau 6.3 : Nombre de représentants de chaque pays de l'Afrique centrale

Pays	Population	Chambre régionale	Chambre fédérale	Part d'allocation
Angola	13 338 541	13	3	0.1057
Cameroun	18 879 301	16	5	0.1301
Centrafrique	4 511 488	10	3	0.0813
Congo	3 847 191	9	3	0.0732
RD Congo	68 692 542	41	6	0.3333
Gabon	1 514 993	8	3	0.0650
Guinée équatoriale	650 702	7	3	0.0569
Sao Tomé et Principe	199 579	7	3	0.0569
Tchad	11 274 106	12	3	0.0976
Total	122 909 449	123	32	1

3.5. L'Afrique australe

Compte tenu d'une population régionale de 119 millions d'habitants, le nombre de sièges alloués à cette région est de 119. Avec 9 pays membres, la dotation égalitaire minimale permettant de dépasser la moitié des sièges est de 7. Ainsi, il resterait 56 sièges supplémentaires à affecter en tenant compte de la proportionnalité par rapport à la population.

Tableau 6.4 : Nombre de représentants de chaque pays de l'Afrique australe

Pays	Population	Chambre régionale	Chambre fédérale	Part d'allocation
Afrique du Sud	49 991 307	30	5	0.2521
Botswana	2 029 307	8	3	0.0672
Lesotho	1 919 552	8	3	0.0672
Malawi	15 447 500	14	4	0.1177
Mozambique	21 669 278	17	5	0.1429
Namibie	2 108 665	8	3	0.0672
Swaziland	1 128 814	8	3	0.0672
Zambie	11 862 740	13	4	0.1092
Zimbabwe	12 382 920	13	4	0.1092
Total	118 540 083	119	34	1

La représentation de chaque pays est présentée dans le tableau 6.4 ci-dessous. Nous pouvons noter qu'au niveau fédéral, tous les pays ont une représentation de même ordre unitaire presque uniforme 3 à 5 sièges. Par contre au niveau régional, s'installe une disparité notoire. Trois classes s'y dessinent clairement. L'Afrique du Sud possède à elle seule plus du tiers des sièges. Le groupe composé du Malawi, du Mozambique, de la Zambie et du Zimbabwe occupe la deuxième classe avec des représentations de l'ordre de la dizaine. La troisième classe est occupée par le groupe des représentations unitaires constitué par la Namibie, le Botswana, le Swaziland et le Lesotho.

4. Processus d'élections législatives

Le mode de représentation est mixte, car chaque pays possède de facto des représentants au plan régional et fédéral afin d'assurer sa pleine participation au processus de fédération. Une représentation supplémentaire et proportionnelle à la population est par la suite ajoutée. Les schémas de désignation des représentants régionaux et fédéraux pourraient être similaires et simultanés.

Une élection devrait être organisée au niveau de chaque pays membre de la Fédération pour déterminer ses représentants régionaux et fédéraux. Du même coup, ces populations confient une certaine procuration à leurs élus. En conséquence, dans le cas d'une vacance de siège fédéral, la chambre peut y dépêcher un de ses membres à partir d'une élection interne. Ceci éviterait une sollicitation régulière et coûteuse des populations. De même, la chambre législative du pays concerné pourrait combler la position vacante de son représentant régional en attendant les prochaines élections.

La chambre législative fédérale devra désigner des responsables assurant des liens avec les chambres régionales. De même, les représentants législatifs régionaux devront également s'organiser pour déterminer des responsables assurant un lien assez étroit avec la chambre fédérale. Ils doivent également nommer des vecteurs des liaisons avec les assemblées nationales des différents pays membres. Ceci assurera une certaine harmonie et une assez bonne circulation de l'information entre les différentes chambres législatives de la Fédération.

107

5. Représentation globale

Notons que la concordance de l'ordre du nombre total de parlementaires au fédéral (217) et celui de la moyenne régionale (199) peut être versée au crédit du choix du paramètre de 10 % des représentants dans la chambre régionale. Ce paramètre est utilisé pour déterminer la dotation fédérale supplémentaire de chaque pays. Ce taux était choisi dans le but de maintenir au niveau du même ordre le nombre des représentants siégeant dans les deux types de chambres ainsi que dans un souci de simplicité.

Tableau 6.5 : Nombre de représentants législatifs de chaque région

Région	Nombre de pays	Représentants régionaux	Représentants fédéraux
Afrique de l'Ouest	15	291	60
Afrique du Nord	8	206	37
Afrique centrale	9	123	35
Afrique de l'Est	14	258	51
Afrique australe	9	119	34
Moyenne régionale	11	199	43
Total	55	997	217

De même que pour la constitution des différentes chambres, les représentants de l'exécutif doivent être élus pour mieux assurer leur légitimité. La Fédération doit reposer sur l'UA, mais celle-ci ne saurait constituer sa charpente. Dans le contexte africain, on ne saurait accepter une rotation des chefs d'État compte tenu de leur nombre assez considérable. On ne devrait pas non plus confier à l'exécutif un pouvoir symbolique compte tenu de l'importance et de la complexité des tâches à accomplir. Sans nous hasarder sur les questions juridiques que nous laissons aux experts, nous pouvons proposer les grandes lignes du processus de leur désignation. Ce processus est parallèle à celui décrit pour déterminer les législateurs. Comme nous l'avons noté, ce schéma de représentation épouse une forme pyramidale. En effet, au niveau de chaque région, chaque pays élit des représentants. Ces élus joints aux chefs d'État forment un comité régional qui désigne parmi eux quatre représentants au fédéral. Ceci implique un comité exécutif d'une vingtaine de membres. L'autorité fédérale suprême, choisie parmi tous ces représentants, devrait composer étroitement avec le comité exécutif selon des règles dûment établies. Ainsi une base d'une population d'environ un milliard d'habitants va élire localement dans chaque pays des représentants qui vont élire ce comité exécutif. Le schéma proposé laisse également la même chance aux représentants élus qu'aux chefs d'État. Il faut cependant noter que tout chef d'État siégeant dans le comité exécutif devrait démissionner de sa position initiale. Le cumul ne devrait pas être accepté au niveau de l'administration fédérale. En effet, cette situation pourrait entraîner un réel conflit d'intérêts, celui d'être à la fois une autorité régionale et fédérale.

Le schéma de désignation des parlementaires et des autorités exécutives, ainsi présenté, permet une bonne représentation de la population. Il est mené dans un souci d'optimisation des coûts. Les élections des législateurs nationaux, régionaux et fédéraux sont menées au niveau de chaque pays qui désigne ses propres représentants. Les élections sont donc très localisées. Chaque pays organise ses propres élections pour désigner ses représentants sans aucune influence de ses voisins. Par contre, la nomination de l'exécutif suit un processus de forme pyramidale.

La démarche est assez similaire pour l'élection des législateurs régionaux à la différence que ces représentants sont élus de manière parallèle. Des dotations différentes, mais équitables sont allouées à chaque pays. Les populations de chaque pays déterminent leurs représentants régionaux. L'ensemble de ces représentants forme avec les chefs d'État un comité régional parmi lequel quatre représentants de l'autorité fédérale sont choisis. Le chef de l'exécutif régional est élu parmi les membres restants de ce comité. Les représentants fédéraux des cinq régions constituent ainsi un comité exécutif élargi dont est choisi le président de l'État continental par l'ensemble des élus constitué par les législateurs régionaux et les membres des cinq comités exécutifs élargis. Notons également que ce processus de représentation est présenté dans ce livre dans un but purement indicatif. Loin d'être exhaustif, il dégage les grandes lignes et évite les aspects purement politiques et juridiques tout en laissant largement ouverts les modes d'élection.

7

LES DÉPENSES MILITAIRES

L'Afrique doit refuser catégoriquement de demeurer le siège des conflits et des guerres.

Depuis les années soixante, ou d'indépendance, l'Afrique a été le théâtre de nombreux conflits et guerres. Les guerres du Biafra[25] au Nigéria, de Sierra Léone[26] et du Libéria[27] sont des exemples patents dont les séquelles continuent à être ressenties par les populations de ces différentes zones. Depuis le printemps 2010, la région de l'Afrique du Nord s'est embrasée avec des étincelles un peu partout. La timide révolution débutée en Tunisie a fini par prendre une ampleur qui a forcé à la fuite de son président. Immédiatement après, la leçon a été apprise et récitée par les populations égyptiennes qui ont déposé et traduit en justice leur président. À partir du 15 février 2011, la Libye a, pendant huit mois, vécu cette même expérience dans une situation presque chaotique. Les armes de guerre à distance les plus sophistiquées y ont été expérimentées. Les partisans de l'ancien guide libyen ont mené une résistance désespérée surtout dans sa ville natale. Pendant près d'un mois, Kadhafi réussit à

25. Michael, I. Draper, *Shadows: Airlift and Air war in Biafra and Nigeria, 1967-1970*, 2006.

26. Paul Richards, *la terre ou le fusil, Les racines agraires des conflits de la région du fleuve Mano, Afrique contemporaine*, édition De Boeck Université, 2005.

27. William Reno, « La sale petite guerre du Liberia », politique africaine, numéro 88, 2002.

s'éclipser avant d'être capturé, puis sauvagement assassiné tout en laissant à la Libye un avenir très incertain. Les balbutiements de ces crises continuent à être ressentis dans tous les pays du nord de l'Afrique. Pourtant cette région, réputée être la plus stable, la plus calme et la plus économiquement fiable de l'Afrique, n'avait dévoilé aucun signe de sa subite ébullition. Le sud ne s'en est pas mieux sorti avec la situation postélectorale de guerre civile de la Côte d'Ivoire durant la première moitié de l'année 2011. De même, en RDC, les contestations des résultats des élections avaient fini par y installer deux gouvernements. Au Mali, le coup d'État militaire du 22 mars 2012 et la perte temporaire de plus de la moitié de son territoire avaient résulté de la prolifération des armes au niveau des frontières libyennes. Ce coup de force militaire fut suivi, trois semaines après, par celui de la Guinée-Bissau en pleine période d'élection présidentielle. Tout semble indiquer que les conflits ne risquent pas de changer leurs sièges bien ancrés en Afrique. Leur situation est bien représentée par la métaphore décrite dans le livre de Michel Serres (2006) :

« Un couple d'ennemis brandissant des bâtons se bat au beau milieu des sables mouvants. Attentif aux tactiques de l'autre, chacun répond coup pour coup et réplique contre esquive. Hors du cadre du tableau, nous autres spectateurs observons la synthèse des gestes au cours du temps ; quel magnifique – et banal – spectacle ! »

Les spectateurs sont constitués par le reste du monde. L'enlisement dans le sable mouvant schématise l'appauvrissement des pays impliqués voire de l'Afrique dans sa totalité. Pendant que certains spectateurs apprécient, d'autres profitent de l'enlisement des belligérants pour les déposséder de leurs richesses naturelles. C'est cette situation qui est observée en RDC où les ressources extraites ont, d'ailleurs, été baptisées ; minerais du sang. Dans sa description, Serres (2006) ajoute :

« À chaque moment, un trou visqueux les avale, de sorte qu'ils s'enterrent ensemble graduellement. À quel rythme ? Cela dépend de leur agressivité ; à lutte plus chaude, mouvements plus vifs et secs, qui accélèrent l'enlisement. L'abîme où ils se précipitent, les belligérants ne le devinent pas ; au contraire de l'extérieur, nous le voyons bien. »

Cette situation globalement observée dans le continent peut être mieux perçue à travers l'étude des dépenses militaires effectuées en considérant successivement chacune des cinq régions. Notons que les conflits et confrontations des belligérants accentuent la tendance à l'accroissement des dépenses militaires qui pourraient par contre se réduire avec l'option fédérale. Dans cette optique, une stratégie de réduction de ces dépenses militaires est développée dans la seconde section.

1. Dépenses militaires en Afrique

Les dépenses militaires en Afrique sont globalement et continuellement croissantes. D'ailleurs, l'Afrique a enregistré le plus fort accroissement au niveau mondial en 2014[28]. Avec une hausse de 5.9 % par rapport à 2013, la barre des 50.2 milliards de dollars a été franchie par les pays africains. Depuis 2006, la proportion par rapport au PIB a subi paradoxalement une baisse.

En effet, avec un taux de 3.2 %, la part des dépenses militaires est très élevée en Afrique durant l'année 2006 comparée à la mondiale moyenne de 2 %. Par contre, le taux moyen africain a considérablement diminué en 2012 pour atteindre le niveau de 2.4 % (voir tableau 7.1). Cette baisse a sans doute été masquée par les taux de croissance observés par les économies africaines durant la période 2006-2012.

---

28. Institut international de recherche sur la paix de Stockholm (SIPRI), Rapport sur les dépenses militaires, 2014.

Tableau 7.1 : Taux régional de dépenses militaires par rapport au PIB

Régions	Dépenses militaires % du PIB en 2006[2]	Dépenses militaires % du PIB en 2012[3]
Afrique de l'Ouest	1.75	1.5
Afrique du Nord	3.8	3.65
Afrique Centrale	3.45	1.5
Afrique de l'Est	3.95	2.7
Afrique Australe	2.85	2.65
Moyenne africaine	3.2	2.4
Moyenne mondiale	2.0	2.1

Pour mieux appréhender le niveau des dépenses militaires en Afrique nous allons l'aborder de manière régionale.

1.1. Afrique de l'Ouest

La région de l'Afrique de l'Ouest est une véritable poudrière résultant du déchiquetage territorial issu de la décolonisation. C'est la région qui a le plus subi ce morcellement. D'ailleurs, avec un nombre de 15, elle compte le plus d'États. L'une des plus grandes aberrations de ce partage colonial au niveau de cette zone est la Gambie encastrée dans le Sénégal. Cette situation a créé l'isolement de la Casamance en tant que territoire sénégalais. Elle a malheureusement joué un rôle crucial dans le développement des tendances séparatistes au sein cette région sudiste. Dans l'esprit de cette rébellion, la guerre de libération de la Guinée Bissau a également joué un rôle non négligeable. La différence des langues coloniales n'a pas pu être une barrière entre les populations. Les lusophones de Bissau reçurent l'aide des populations parentes francophones, casamançaises et guinéennes, pour arracher leurs indépendances en 1973.

Plus loin, dans la première république africaine (1847), plus précisément au Libéria, se dessinait un autre foyer de tensions avec la prise du pouvoir par William Tolbert en juillet 1971. En avril 1980, le Sergent Samuel Doe le destitue pour ensuite, neuf ans plus tard, subir à son tour l'assaut de la rébellion du NPFL (National Patriotic Front of Liberia). Ce coup de force avait été organisé à partir de la Sierra Léone par Charles Taylor, ancien directeur de l'Agence des services généraux du gouvernement entre 1980 et 1983. La terre de liberté rêvée par Marcus Garvey et les anciens esclaves revenus au bercail devenait très vite celle du calvaire. Six mois seulement après le début de leur offensive, les rebelles conquirent partiellement la capitale Monrovia. Cependant, leur plein contrôle avait été empêché par l'arrivée des troupes de maintien de la paix de l'ECOMOG mis sur pied par la CEDEAO en août 1990. Ensuite, un cessez-le-feu s'était établi, mais avait en même temps fourni une légitimité à cette division institutionnelle du Libéria[29]. Les rebelles contrôlaient presque la totalité du pays, excepté une enclave comprenant Monrovia et ses alentours. Au cours de cette période, le Libéria eut le malheur d'avoir deux présidents Charles Taylor et Amos Sawyer dont l'autorité se limitait à la capitale et était fortement dépendante de la protection de l'Ecomog. La coexistence de deux pouvoirs en 2010-2011 durant la crise ivoirienne ressemble étrangement à ce qui s'était déjà passé au Libéria. La guerre civile au Libéria s'était poursuivie de manière sporadique jusqu'en 1996 avec des pics d'affrontements et de pillages. Les plus grandes victimes furent les populations et plus particulièrement les enfants qui ont été impliqués dans ces massacres inhumains. L'accord d'Abuja II, conclu en août 1996, permit le désarmement des factions et la tenue d'élections présidentielles remportées par Charles Taylor en 1997. Comme pour renvoyer l'ascenseur à la terre de naissance de la

---

29. William Reno, La sale petite guerre du Liberia, politique africaine, num. 88, 2002.

rébellion, la guerre civile a éclaté en 1991 en Sierra Léone pour perdurer jusqu'à l'année 1997 (Richards, 2005). Ces guerres ont induit la formation d'experts qui ont rempli le rôle de mercenaires dans le conflit ivoirien. Le grand éléphant a été coupé en deux parties faisant resurgir des foyers de tensions à la fois ethniques et religieuses. Une catastrophe de plus grande ampleur a heureusement été évitée avec la capitulation de l'autre camp et l'arrestation du président sortant Gbagbo. Pendant qu'il est jugé par la justice internationale, la Côte d'Ivoire a organisé à de nouvelles élections en 2015. Depuis l'issue de sa crise, une tentative de réconciliation a été mise en œuvre. Cependant, la suspicion et la méfiance continuent à planer surtout au niveau de la frontière invisible entre le Nord et le Sud. Ces mêmes formes latentes de conflits sont également observées au Nigéria, au Mali, au Niger. Au Nigéria, la guerre de Sécession du Biafra[30], de 1967 à 1970, pourrait être placée dans ce contexte. Au Mali, le pays se serait divisé définitivement en deux sans l'intervention française.

Devant cette profusion de conflits latents ou en ébullition et pour une sécurité des pouvoirs, les dépenses militaires devenaient pour les autorités impliquées une priorité au détriment des questions socioéconomiques. En conséquence, la réduction des dépenses ne saurait être à l'ordre du jour dans cet environnement. Notons cependant que l'Afrique de l'Ouest enregistre comparativement aux autres régions les plus bas taux relatifs de dépenses militaires (voir tableau 7.1). Ceci est peut-être dû à son organisation relativement mieux structurée et à l'existence d'une force commune ; l'Ecomog. Cependant, l'attitude léthargique de cette force durant la crise malienne pourrait relancer la course aux dépenses militaires.

---

30. Michael I. Draper, *Shadows: Airlift and Air war in Biafra and Nigeria 1967-1970.*

1.2. Afrique du Nord

La région de l'Afrique du Nord n'a pas échappé aux séquelles de la décolonisation. La libération de l'Algérie s'est effectuée de manière brutale et sanguinaire. Les effets de cette guerre ont été ressentis aussi bien en Algérie qu'en France[31]. La guerre de libération du Sahraoui[32] est un autre exemple patent. D'ailleurs, la reconnaissance de l'État sahraoui par l'Union Africaine a entraîné le retrait du Maroc de l'organisation continentale. Les tensions de ce conflit ont eu des répercussions considérables au niveau des relations entre le Maroc et l'Algérie. Elles ont par moment semblé être une guerre non déclarée et par procuration. La libération en 2005 des 404 derniers prisonniers marocains par le Polisario en Algérie[33] est un signe assez positif de possibilité de dialogue et de concertations. Cette atmosphère propice a sans doute facilité le retour du Maroc dans la famille de l'UA.

D'autre part dans cette même région, la guerre civile du Darfour[34] débutée en 1987 abrite les signes d'un possible génocide avec 300 000 morts et 2.7 millions de déplacés. Un référendum organisé en février 2011 a finalement scindé le pays en deux entités, le Soudan du Nord et le Soudan du Sud. Même avec un vote presque unanime,[35] l'option de sécession ne semble pas avoir réglé toutes les sources de conflit. La guerre entre deux factions de ce nouveau pays a installé une situation de famine.

Avec les effets de la révolution du jasmin à travers toute cette région, il faudrait s'attendre à une meilleure préparation des régimes en place pour faire face dans le futur à cette forme de contestation. En conséquence, les dépenses en moyens de répression risquent de s'accroître alors que le message populaire fut plutôt social. Les dé-

---

31. Amalric Jacques, *Les violences en Algérie*, ed. Odile Jacob, 1998.
32. Yahia H. Zoubir et Haizam Amirah – Fernandez, Union du Maghreb arabe, 2010.
33. www.bladi.net/forum/139049-prisonniers-guerre-marocains-heros-gloire (Consulté le 20 Mai 2011).
34. Tubiana Jérome, *Chronique du Darfour*, ed. Glénni, 2010.
35. article.wn.com/view/2011/02/08/Le Sud Soudan_nouvel_État_d'Afrique.

penses militaires de cette région ont d'ailleurs enregistré la plus grande hausse en 2014 avec un taux[36] de 7.6 % par rapport à 2013.

1.3. Afrique centrale

À mon avis, cette région a le plus souffert des séquelles de la décolonisation. En effet, le génocide rwandais continuera toujours à hanter les mémoires et les consciences pour plusieurs raisons. La première raison est que la fracture dichotomique de la population a été une pure création de la colonisation. Elle a été nourrie et alimentée pour des intérêts purement coloniaux dans le but de maintenir un maximum de dépendance avec un minimum de domination. Avec la décolonisation, aucune solution n'a été proposée pour colmater la brèche. D'autre part, la richesse des terres en produits miniers a également exacerbé les conflits. La deuxième raison est que cette situation ignoble aurait pu être évitée. La responsabilité internationale semble être compromise par une absence d'assistance adéquate et urgente. Avec l'implantation de camps de réfugiés en RDC, le conflit rwandais a été partiellement exporté en RDC dans la zone frontalière. Les deux pays continuent à s'accuser mutuellement d'ingérence militaire.

La répression des sursauts de séparation Katangaise était également l'une des conséquences de cette décolonisation. Le traitement ignoble jusqu'à l'assassinat de Patrice Lumumba sera dans les consciences de ceux qui y ont d'une manière ou d'une autre participé. Pourtant, le patriote ne cherchait qu'à contribuer au développement de son pays. Ses propres frères africains lui ont fait subir un traitement indigne même pour un traître de la nation. En sacrifiant Lumumba, les Congolais enterraient une part importante de leurs pulsions progressistes. Il faudrait compter sans les dégâts psychologiques et économiques causés par des pions comme Mobutu afin de maintenir des intérêts néocoloniaux.

---

36. Institut international de recherche sur la paix de Stockholm (SIPRI), Rapport sur les dépenses militaires, 2014

À son indépendance, la République centrafricaine a eu comme président David Dacko qui sera renversé en décembre 1965 par son cousin Bokassa. Il s'autoproclame, président à vie, ensuite empereur le 4 décembre 1977. En septembre 1979, David Dacko retourne la politesse à Bokassa en l'écartant du pouvoir et en rétablissant la république. Deux ans plus tard, il sera écarté par André Kolingba qui réussit à instaurer un régime militaire pendant une douzaine d'années. À la suite d'une intention de démocratisation, les premières élections multipartites sont organisées en Centrafrique. L'ancien premier ministre, Ange Felix Patassé, est élu président en 1993. Même avec un mandat très troublé par des mutineries militaires, il réussit à se faire réélire en 1999. Deux ans plus tard, une tentative de coup d'État avortée en 2001 installe le pays dans le chaos. Le 15 mars 2003, l'ancien chef des armées en exil au Tchad, François Bozizé, profite de cet environnement pour s'emparer du pouvoir lors d'une absence du président. Il organise en 2005 des élections présidentielles dans le but d'acquérir une certaine forme de légitimité. Il est par la suite chassé par les miliciens de la Seleka le 24 mars 2013. Ceci permit à Djotodia de prendre le pouvoir. De nombreuses exactions perpétrées par les miliciens de la Seleka, majoritairement musulmans, motivèrent la création d'une milice d'autodéfense ; les anti-balaka. La Centrafrique s'installe dès lors dans une guerre civile avec une forte connotation religieuse. L'intervention de la France par l'opération Sangaris en décembre 2013 combinée avec celle des forces de la paix de l'ONU ont empêché et ainsi sauvé la Centrafrique du génocide.

La guerre en Angola est également une autre tache noire à mettre dans le compte de la décolonisation. Toutes les séquelles de ces conflits sont encore ressenties à tous les niveaux de la région centrale. L'étreinte au niveau de la gorge de l'Afrique semble être continue. En conséquence, il serait difficile dans ce contexte d'imaginer une quelconque réduction de dépenses militaires des pays membres de cette région. La sécurité des frontières y est la première des priorités.

1.4. Afrique de l'Est

La corne de l'Afrique constitue une zone de tension latente de cette région. Elle a d'ailleurs connu plusieurs affrontements qui ont entre autres mené à la création de l'Érythrée et au désordre somalien. En effet, la Somalie a été tourmentée dans les années 1990 par les factions politiques. Le népotisme officiel ainsi que la corruption ont ébranlé la confiance envers le gouvernement central du dictateur Siad Barre[37] jusqu'à installer un climat de mécontentement général. Paradoxalement, l'effondrement en 1991 du régime de Barre plongea le pays dans un état chaotique entraînant une lutte de pouvoir entre les différentes factions. Pour financer leur guerre civile, elles se sont adonnées au pillage des infrastructures et des points de distribution des vivres tout en laissant plus de cinq millions de personnes à la merci de la famine et de la maladie. La Somalie, devenue un État sans État, est tombée sous la coupe des seigneurs de guerre avec des motivations voilées d'activités de trafic de drogues et d'armes. Dans cette situation, la zone continue à être en état d'alerte alimentaire avec des risques récurrents de famine. Le syndrome de l'Éthiopie occupe encore les esprits, les famines induites par les guerres dans ce pays ont déjà effectué le tour de toutes les télévisions. La situation en Somalie a également posé la question de la liberté de navigation maritime dans cette zone très achalandée avec des opérations de piraterie et de prises d'otages perpétrées par des groupuscules armés.

Au Kenya, la révolte des Mau-Mau (1852-1856)[38] et la montée indépendantiste ont fini par forcer les Anglais à octroyer l'indépendance en 1963. Le Kenya est aujourd'hui miné par les soubassements d'éventuels conflits latents entre ses communautés et par le terrorisme mené par le groupe somalien ; Al-Shabbaab.

---

37. www.histoquiz-contemporain.com/Histoquiz/Lesdossiers/guerresoubliees/9/Dossiers.htm (consulté le 11 juin 2011)
38. www.boomer-cafe.net/version2/index.php/Ce-jour-la-dans-les-annees-50/La-revolte-Mau-Mau-societe-secrete-du-Kenya.html (consulté le 12 juin 2011)

En Ouganda, Amin Dada[39], soutenu par les pays occidentaux qui craignaient une orientation trop socialiste du régime précédent, s'empara du pouvoir en 1971. Durant huit ans de pouvoir, le régime va être accusé de la mort ou de la disparition de près de 300 000 Ougandais et de l'oppression de l'intelligentsia. Au fur et à mesure, son régime devenait tyrannique et sanguinaire. Ses partenaires occidentaux décidèrent de le lâcher et coupèrent l'aide. Le dictateur, de plus en plus isolé, sombra dans une forme de paranoïa qui accentua sa folie meurtrière. En 1979, la révolte conduite par Milton Obote et initiée depuis la Tanzanie renverse le régime encombrant de Dada. Depuis lors, l'Ouganda continue à vivre dans la hantise de tentatives de coups d'État. Le nouveau président Milton Obote fut renversé le 27 juillet 1985 par Tito Okella qui le sera à son tour six mois plus tard. Depuis 1986, la présidence de république est assurée par Yoweri Museveni avec des tensions régulières lors des scrutins.

Au Burundi, les troubles politiques actuels risquent de constituer un frein aux velléités fédéralistes de la communauté Est-Africaine (CEA). En conséquence, nous retrouvons, dans cette région, toutes les sources latentes pour d'éventuels conflits qui ne militeraient pas à une réduction des dépenses militaires.

1.5. Afrique australe

La marque de cette région a été la politique séparatiste et raciste de l'Apartheid en Afrique du Sud. Même abandonnée, cette politique restera à jamais gravée dans les mémoires et pour un certain temps dans les mœurs. Les indépendances des pays limitrophes tels que la Zambie, la Namibie et le Zimbabwe, ne se sont pas également effectuées sans heurt. Le Lesotho est une autre preuve des aberrations de la colonisation avec son territoire complètement enclavé comme une mouche dans la soupe sud-africaine. D'ailleurs, il n'est pas le seul avec le Swaziland

---

39. www.afrikakt.e-monsite.com/rubrique, amin-dada (consulté le 12 juin 2011)

occupant une zone partiellement enclavée dans l'Afrique du Sud et ayant une frontière avec le Mozambique. Dans cette région, une union douanière, baptisée SACU (Union douanière de l'Afrique australe), est constituée par l'Afrique du Sud, le Botswana, le Lesotho, la Namibie et le Swaziland. L'Afrique du Sud, pivot dans cette organisation, collecte plus de 90 % des recettes totales mobilisées à partir des tarifs d'importation. Ces recettes sont partagées au sein des membres de la SACU. Par conséquent, avec l'arrangement actuel, l'Afrique du Sud donne d'importantes sommes d'argent à ses voisins beaucoup moins nantis. Ceci a créé la dépendance de certains États aux recettes de l'union douanière. Elles constituent 70 % du budget national du Swaziland et 55 % de celui du Lesotho. L'organisation vit une crise très grave due à la baisse considérable des recettes. Un changement dans l'accord sur le partage des recettes induirait des implications désastreuses avec un risque de désintégration de l'organisme pourtant appelé à réévaluer les accords et les conditions du partage des recettes. Cette région possède un potentiel économique enviable, mais elle est très instable sur le plan social. Les récentes et subites émeutes xénophobes en Afrique du Sud peuvent être classifiées dans ce contexte. Pour toutes ces raisons, la proportion de dépenses militaires par rapport aux PIB y est très élevée.

2. Réduction des dépenses militaires

En Afrique, les principales causes de la course effrénée des dépenses militaires se trouvent dans la fragilité des États et la perméabilité des frontières héritées de la colonisation. Certaines causes se chercheraient également dans les différences ethniques exacerbées par l'autorité coloniale pour mieux asseoir et affermir son pouvoir. Tout ceci a détourné les priorités des pays africains du secteur socioéconomique vers les dépenses militaires. L'existence d'une justice fédérale commune favoriserait le règlement des conflits par la loi plutôt que par les armes. La création de l'État fédéral s'accompagnant de la composition de forces militaires unifiées devrait favoriser la réduction des dépenses militaires de chaque pays sans affecter la défense des souverainetés territoriales. En effet, la mise en place des États-Unis d'Afrique devrait permettre un développement d'une stratégie de réduction du taux africain en considérant la moyenne mondiale comme cible. Comme en 2006, le taux africain était approximativement de 3 %, cette stratégie aurait suggéré pour chaque pays une réduction d'environ 1 % pour atteindre le taux mondial de 2 %. Ainsi chaque pays devrait dans la première année de la Fédération réduire du tiers ses dépenses militaires. Cette politique se serait traduite globalement au niveau de l'Afrique par une baisse de 1 %. En considérant les données fournies par le tableau 7.1, la stratégie de réduction sur la base de la moyenne mondiale consisterait dans la première année à une réduction de la moyenne africaine jusqu'à 2.18. Comme les pays africains sont comptés dans la moyenne mondiale, ceci aurait impliqué sa baisse jusqu'à 1.7 % dans la condition qu'aucun changement ne soit enregistré au niveau du reste du monde (RDM) durant l'année 2007. Cette moyenne ainsi obtenue aurait constitué un nouvel objectif durant l'année suivante où la réduction serait devenue 0.5 % pour forcer une moyenne mondiale de 1.55 %. Cette démarche se serait poursuivie avec une moyenne changeante jusqu'à l'obtention d'une convergence ou d'une variation relativement faible. Avec cette stratégie, le taux africain se serait situé au niveau de 1.55 % après seulement trois années d'exercice. Ainsi, cette stratégie aurait permis une réduction de moitié au bout de 3 ans et le taux africain se serait stabilisé aux environs de 1.48 % après 5 ans. Chaque pays devrait également s'engager à mettre à la disposition de sa région un taux de participation qui dépend de la région considérée. C'est cette unification des forces militaires qui devrait permettre la réduction des dépenses militaires sans affecter la défense des souverainetés territoriales. Les forces militaires auraient eu la charge de protéger l'ensemble du territoire fédéral. Dans chacune des cinq régions, des camps militaires dépendant d'abord de la région et de l'État africain devraient être installés. Pour la détermination du nombre de leurs positions dans la région, nous pouvons utiliser des techniques de localisation[40]. Cette localisation doit tenir compte des budgets, de l'étendue des pays et de l'allongement de la région. Les pays sélectionnés doivent apporter une contribution supplémentaire compte tenu des avantages résultants. Ainsi, nous percevons, à travers l'exemple des dépenses militaires, un avantage considérable des pays africains à s'allier par le biais de la formation des États-Unis d'Afrique. Elle devrait également empêcher la prolifération des conflits en Afrique.

---

40. Al-Sultan, K.S. and Al-Fawsan M.A., «A Tabu Search approach to the uncapcited facility location problem », Annals of Operations Research, vol. 86, p. 91-103, 1999.

8

FINANCES ET MONNAIE

*« Si la production de marché est le moteur de
la croissance économique, la monnaie en est le
levier. »*

Abdoulaye Wade[41]

Tout le long de ce chapitre, nous visitons la situation
financière et monétaire de l'Afrique dans le cadre d'une
mise en place de la Fédération qui devrait prendre graduellement la relève de l'Union africaine (UA). Dans la
première section, nous dégageons les sources de fonds pour
le fonctionnement de l'État continental. Ensuite, nous dé-
finissons le processus et la forme d'intégration financière.
Ceci aboutit à la création de la monnaie unique que nous
introduisons après avoir étudié le système monétaire africain.

1. Fonds de décollage économique

La mise en place de la Fédération nécessiterait dans
les premières années des fonds initiaux pour supporter
son fonctionnement et établir les bases de son développement économique et financier. Dans cette section, nous

---

41. A. Wade, *Un destin pour l'Afrique, L'avenir de l'Afrique*, édition Michel Lafont,
2005.

dégageons les différentes sources pour la collecte de tels fonds qui devraient servir à placer l'Afrique sur une rampe de lancement vers l'émergence. L'objectif de ce Fonds africain pour un développement économique et financier (FADEF) serait également de permettre à long terme l'élimination progressive de la dépendance à l'aide publique au développement. Son alimentation est assurée par les deux groupes de rubriques présentées ci-dessous.

1.1. Fonds initiaux

a. Avoirs de l'Union africaine : Cette rubrique est constituée des avoirs de l'UA car l'Union des États devrait prendre le relais. Elle concerne tous les crédits hérités de l'UA lors de l'année précédant la mise en place des États-Unis d'Afrique.

b. Cotisation des pays membres : Cette rubrique est constituée par les cotisations des différents pays membres de la Fédération. Pour déterminer les montants, les valeurs de Shapley associées à chacune des cinq régions fourniraient les montants des cotisations régionales. Finalement, il suffirait de déterminer les parts des pays de chaque région pour évaluer toutes les cotisations nationales.

c. Aide au développement anticipée : Cette rubrique a pour principal objectif de canaliser l'aide publique en vue d'un développement harmonieux et de son élimination dans le long terme. Les États africains reçoivent individuellement des montants annuels d'aide publique au développement directement de pays du Nord ou par le truchement d'institutions internationales. Cette importante aide, stable et croissante, est passée de 10 milliards de dollars en 1960 à 40 milliards de dollars en 2010. Elle est cependant bien en dessous de la recommandation du G8 qui est de 0.7 % des revenus des pays du Nord[42]. Pour l'État continental, la stratégie consiste à négocier un en-

---

42. Banque mondiale, Aide publique au développement, 2012.

gagement des États donateurs par rapport à un montant minimal d'aide à consentir durant les quinze prochaines années. Cette portion de l'aide publique, représentant la fraction assurée, pourrait être évaluée pour les quinze ans. Avec l'assistance du Fonds monétaire international (FMI) et de la Banque mondiale (BM), cette contribution pourrait être répartie durant les cinq prochaines années. Une part de cette manne constituée par l'aide anticipée servirait de rampe pour le décollage économique de l'Afrique. L'objectif de la démarche assurerait pour l'Afrique la fin définitive au bout de quinze ans de cet aide au développement. Durant les quinze années, les pays donateurs peuvent compléter annuellement leurs niveaux minimaux pour atteindre leurs contributions usuelles. Tout se passerait comme si les institutions internationales le FMI et la Banque Mondiale mettaient à la disposition de l'Afrique durant cinq ans une somme d'argent remboursée par les donateurs durant les quinze prochaines années. Ces donateurs gagneraient dans cette démarche par l'élimination au bout de 15 ans de leurs contributions à cette portion d'aide au développement de l'Afrique et par l'assistance à une rentabilisation de leur aide.

d. Dette fédérale : Cette dette initiale sollicitée auprès de la Banque mondiale et des institutions financières devrait favoriser le développement économique du nouvel État. Cette nouvelle dette n'a rien à voir avec les dettes préalablement contractées par les pays membres qui ne sont pas héritées par le fédéral compte tenu des principes de maintien d'un certain niveau de souveraineté des États au sein de la Fédération. Cette dette devrait servir à assurer la mise en place de l'État continental. La détermination de son montant recommanderait de grandes précautions afin d'éviter de faire porter à l'État d'Afrique un gros fardeau de dette dès sa naissance. Son niveau et ses conditions devraient respectivement être judicieusement évalués et négociés.

e. Contribution de philanthropes : Considérée comme un fonds de solidarité, cette rubrique pourrait être ignorée lors du processus de collecte de fonds. Elle concerne les contributions individuelles de fondations et donateurs œuvrant pour des lendemains meilleurs de l'Afrique. Ces dons de bienfaisance, sollicités, contribueraient ainsi à une réussite du projet de fédération dont la seule mise en place devrait faire renaître une étincelle d'espoir. Une campagne bien orchestrée devrait être menée pour assurer la réussite d'une telle collecte de fonds. Toute la Diaspora africaine, dans sa définition la plus étendue, devrait être sollicitée et d'ailleurs, au-delà, cibler le monde dans sa totalité. En effet pour la première fois, une occasion de supporter un projet d'une aussi grande dimension pour l'Afrique lui serait offerte. D'autant plus que l'Afrique a subi toutes les affres de l'histoire de l'humanité.

1.2. Fonds courants

a. Taxes fédérales et un pourcentage des recettes d'exportation : Cette rubrique est constituée des taxes fédérales et d'un pourcentage des recettes d'exportation de l'État continental. En tant que facilitateur des conditions d'exportation par l'amélioration des infrastructures et des moyens de communication, l'État aurait un droit de prélèvement d'un certain pourcentage des recettes d'exportation.

b. Portion des gains résultant de certains sous-jeux : Cette rubrique est alimentée par les gains résultant de certains sous jeux tels que les dépenses de sécurité, les douanes et la diplomatie devraient alimenter cette rubrique. Elle concerne des services supprimés sur le plan national à cause de l'orientation fédérale. En effet certains services étant mieux assurés par les interventions nationales et fédérales, il serait tout à fait normal qu'une portion des dépenses soit allouée à l'État continental.

Ce fonds africain de développement économique et financier (FADEF) devrait supporter la mise en place de l'État continental dans le but du lancement d'une nouvelle ère, celle de l'Afrique du troisième millénaire et de son émergence. Le fonds devrait dans le futur englober le FAD (Fonds africains au développement). D'autre part, il faudrait faciliter l'intervention de toutes ses communautés telles que celles expatriées de la Diaspora par le biais d'une banque d'investissement.

2. Banque d'investissement de la Diaspora

Les transferts des Africains de la sixième région sont actuellement plus consistants que l'aide publique au développement. En effet, ils ont aujourd'hui atteint un niveau considérable dépassant dans certains pays l'aide publique collectée. Pour mieux les canaliser et les rendre plus opérationnels, la Fédération africaine devrait mettre sur pied une banque d'investissement et de transfert. En effet en synergie avec la BAD et le FAD, cette banque pourrait inciter et faciliter les transferts monétaires des communautés de sa Diaspora ainsi que leurs contributions au développement des localités africaines. Un pourcentage des gains de la banque résultants des transferts serait orienté dans le même sens. Une telle banque favoriserait la mobilisation des ressources et contribuerait aux financements de projets d'investissements à des taux d'intérêt avantageux[43]. Elle servirait de banque d'épargne pour mieux faciliter les transferts des migrants avec des crédits et des possibilités de découverts. Elle pourrait s'engager dans les assurances à supporter les frais de retours mortuaires pour un repos définitif dans la terre de leurs patries. Ces assurances pourraient également être étendues aux accidents de voyage et autres formes de risque. Ceci réduirait considérablement les demandes de contributions souvent sollicitées durant ces tristes évènements. Compte tenu des vagues d'immigration des années 2000, les décennies 2020

---

43. Mbaye Sanou, *L'Afrique au secours de l'Afrique*, Les Éditions de l'Atelier, 2009.

et 2030 devraient assister à un accroissement considérable de ces retours. Les actions de cette banque pourraient être ouvertes aux institutions financières, bancaires, et privées de tout le continent. Dans ce sens, il faudrait encourager la participation active de la Diaspora.

3. Intégration financière africaine

Une grande partie des finances en Afrique baigne dans le secteur informel. Ceci se trouve plus accentué dans les zones rurales où plus de 80 % des avoirs sont détenus sous une forme financière informelle[44]. Cependant, il faut noter qu'en général la microfinance est petit à petit en train de conquérir, sur le plan financier, cet espace vierge[45]. Compte tenu de la faiblesse de ses économies, de son instabilité politique et de la diversité de son marché, le secteur financier de l'Afrique est peu attractif. En conséquence, ses marchés de capitaux induisent peu de liquidité. Ceci, conjugué au fait que les banques commerciales africaines prêtent dans le court terme, rend la stabilité financière pratiquement irréalisable compte tenu des fluctuations monétaires. L'Afrique est loin d'être le lieu de prédilection ou de convergence des flux financiers. Cette façade pourrait cependant changer considérablement avec la Fédération. En effet, certains obstacles pourraient être surmontés par la mise en place de l'état qui induirait un marché important pour une population de plus d'un milliard d'habitants qui doublerait en 2050[46]. D'autre part, les prémisses observées d'un développement notable sur le plan financier en Afrique depuis les années 90 (Gelbard et Pereira Leite 1999) et sa virginité constitueraient un attrait des flux financiers externes.

---

44. Jacquemot Pierre, *Économie politique de l'Afrique contemporaine*, éd. Armand Colin, 2013.
45. Lelart Michel, « L'évolution de la finance informelle et ses conséquences sur l'évolution des systèmes financiers », *Mondes en développement* 3/2002, (no 19), p. 9, 2002.
46. Unicef, « Afrique génération 2030 », *Rapport du Fonds des Nations unies pour l'enfance*, Division des données, de la recherche et des politiques, 2014.

Sur le plan interne, les flux financiers entre pays africains sont très peu considérables, car leurs économies sont extraverties et principalement tournées vers l'Europe. Cette situation financière est beaucoup plus ressentie au niveau des bourses africaines par rapport à leurs rôles, leur importance et leurs configurations. L'Afrique possède plus de vingt-trois places boursières[47] qui sont cependant à un niveau marginal compte tenu de l'étroitesse de leurs marchés de couverture. Dû principalement à la faiblesse des économies impliquées, leur perception sur le plan mondial est très négative. « Seule la bourse de Johannesburg semble bénéficier d'une perception un peu plus favorable. Elle fait carrément bande à part sur le continent : elle compte parmi les marchés émergents et domine complètement le continent en y représentant près de 80 % de sa capitalisation boursière et près de 90 % de celle de l'Afrique subsaharienne »[48].

Les bourses africaines sont dans leur ensemble relativement isolées et pas suffisamment connectées aux services financiers mondiaux. D'ailleurs, leur degré de spéculation est relativement bas par rapport aux grandes places mondiales. En conséquence, leur réaction aux évènements financiers est souvent délayée, se traduisant paradoxalement par une stabilité financière. Beaucoup d'efforts ont été cependant fournis pour rendre les bourses africaines plus opérationnelles. Dans ce sens, l'association des bourses africaines (ASEA) avait organisé au mois d'avril 2003 un forum de discussion sur les opportunités d'investissement en Afrique. Malgré ces efforts et les performances observées, les places financières africaines ne rassurent pas et attirent très peu de capitaux étrangers[49]. Elles devraient profiter du processus de fédération pour mieux se structurer. Les places financières de chacune des cinq régions devraient fusionner pour induire une bourse ré-

---

47. www.un.org/africarenewal/fr/magazine.
48. Amevi Atiopou, « Marchés financiers africains. Rendements exceptionnels, mais sérieux problème d'image limitant l'afflux de capitaux étrangers. », *Dossier économies*, 2005.
49. *ibid*

gionale logée dans la plus importante. Par exemple, dans le cas de l'Afrique australe, le choix de Johannesburg serait trivial. Les autres bourses existantes peuvent être conservées comme des satellites de transaction. Cependant, l'idée d'unité devrait être suffisamment accentuée pour amener les bourses régionales à coopérer dans le but de leur fusion en forme de réseau. Les cinq bourses régionales continueraient à jouer les rôles de satellites de transaction. À cause de la forte corrélation positive entre le développement du secteur financier et la croissance économique (Levine, 1997 ; Gelbard et Leite, 1999 ; Rousseau et Sylla, 2001), l'intégration financière serait nécessaire pour accompagner la Fédération. Les effets d'une telle orientation devraient donc être ressentis à la fois sur le plan politique et économique.

Une étude[50] initiée par l'Union Africaine a confirmé la nécessité de la consolidation des bourses et proposé cinq principales options de mise en place d'une bourse panafricaine que nous présentons ci-dessous.

Option 1 : Une bourse panafricaine

Cette option suppose le maintien et l'interconnexion électronique de toutes les bourses concernées. Les places nationales s'adresseraient aux investisseurs locaux et aux émetteurs non cotés dans des bourses plus développées. Par contre, la création d'une bourse panafricaine, destinée aux grandes sociétés africaines et étrangères, serait souhaitable. Elle devrait jouer le rôle d'agence régulatrice de toutes les activités financières.

Option 2 : Une place financière africaine comme plateforme continentale

Ce modèle diffère du précédent sur le choix d'une place financière existante proposée comme plateforme centrale

---

50. Union Africaine, *Rapport de l'étude de faisabilité sur la création de la bourse africaine des valeurs*. Département des Affaires Économiques, décembre 2008.

de toutes les transactions et jouant le rôle de bourse panafricaine.

Option 3 : Une plateforme de transaction intégrée

Cette option permet aux différentes bourses, avec leurs statuts juridiques propres, de coexister à côté d'une bourse continentale.

Option 4 : Intégration par les transactions via Internet

Ce modèle envisage l'intégration des bourses africaines par les réalisations des transactions transfrontalières, des compensations et des règlements au moyen d'Internet en toute liberté au niveau de toutes les places boursières africaines.

Option 5 : Intégration graduelle

Cette dernière option préconise une approche progressiste de création d'une bourse panafricaine résultante des progrès localement réalisés. Une harmonisation d'indicateurs d'intégration financière serait un préalable au démarrage de la phase d'établissement.

L'orientation préconisée dans ce livre correspond à la deuxième option qui s'avère être la plus efficiente dans le cadre de la Fédération. En effet, elle intègre implicitement les aspects et avantages de la cinquième option d'intégration graduelle. Les aspects de transaction intégrée et d'utilisation de l'Internet peuvent être insérés dans l'option proposée. En plus comme le choix de la bourse de Johannesburg est trivial, alors la première option devient désuète. L'intégration financière dans le cadre de la Fédération favoriserait l'économie dans sa globalité par le biais d'une plus grande disponibilité et d'une meilleure circulation de l'information. Dans ce cadre, l'action de l'Association des Banques Centrales d'Afrique (ABCA) aurait beaucoup plus de sens et il pourrait en résulter des fusions. Au plan fédéral, un renforcement des transferts entre les systèmes financiers et les marchés de capitaux régionaux devraient être observés. En même temps, une plus importante intégration du marché local en découlerait (Rousseau et Sylla 2001). Une bonne intégration financière devrait réussir l'harmonisation des politiques des États régionaux ainsi que les cadres réglementaires et législatifs en vue d'une meilleure promotion des investissements entre les économies africaines frontalières. Elle devrait également s'accompagner d'une bonne stratégie d'orientation monétaire développée dans les deux prochaines sections. Nous commençons par décrire le système monétaire africain avant d'aborder la question cruciale de la monnaie africaine commune.

4. Système monétaire africain[51]

Le système monétaire africain est actuellement composé d'une diversité de monnaies avec des zones d'interventions très limitées. Certaines sont d'origine coloniale tandis que d'autres résultent d'un élan de sursaut national animé par une recherche de souveraineté. Ces monnaies, souvent inconvertibles, sont malheureusement confinées dans un territoire économique très réduit. Pour une meilleure orientation par rapport à la monnaie unique, nous allons tout d'abord présenter les systèmes monétaires de chacune des cinq régions africaines.

Afrique du Nord : En Afrique du Nord, chaque pays possède sa monnaie convertible avec un taux fixe par rapport à l'Euro. Le lieu de prédilection de ces monnaies sédentaires est souvent limité au territoire national avec leur conversion répertoriée dans le tableau 8.1 ci-dessous.
Même si elles partagent des noms similaires comme les

---

51. Conversions effectuées le 28 février 2012 avec : www.forexticket.fr/fr/conversion/monnaie.

dinars algériens, Libyen et Tunisien, ces monnaies ne sont pas convertibles entre elles. Elles ne le sont que par l'inter-médiaire de monnaies étrangères, principalement l'Euro. D'ailleurs, en dehors de leurs espaces de couverture, ces monnaies ne sont même pas convertibles. En conséquence, les coûts de transaction de ces pays augmentent pendant que se réduit la fluidité des échanges commerciaux entre leurs voisins.

Tableau 8.1 : Monnaie des pays de l'Afrique du Nord

Pays	Monnaie	Nombre UM	Équivalent en Euro
Algérie	Dinar	100 DZD	1 Euro
Égypte	Livre sterling	100 LE	12.3 euros
Libye	Dinar	100 LYD	59.75 Euros
Maroc	Dirham	100 MAD	8.93 Euros
Mauritanie	Ouguiya	1000 MRO	2.54 Euros
Soudan	Livre sterling	100 SDG	27.77 Euros
Tunisie	Dinar	100 TND	49.94 Euros

Afrique de l'Ouest : Le franc CFA couvre l'espace écono-mique des pays de l'UEMOA (Union économique monétai-re de l'Ouest africain) constituée initialement en 1994 par d'anciennes colonies de la France. Bien qu'étant une an-cienne colonie portugaise, la Guinée-Bissau s'est adjointe en 1997 au groupe (Bénin, Burkina Faso, Côte d'Ivoire, Mali, Niger, Sénégal et Togo) par convenance. Le franc CFA, initialement rattaché au franc français, est actuelle-ment arrimé à l'Euro par le biais d'un taux de change fixe. Parmi les sept restants de la CEDEAO, les six pays (Gam-bie, Ghana, Guinée, Liberia, Nigéria et Sierra Leone) ont pris l'engagement de créer la zone monétaire de l'Ouest africain (ZMOA) dont la monnaie serait appelée ECO. Ces deux zones monétaires avec le Cap-Vert dont la monnaie est l'Escudo devraient converger vers la monnaie régionale commune. Par rapport à la formation, l'Institut monétaire de l'Afrique de l'Ouest (IMAO) devrait également jouer un rôle primordial à travers ce processus.

Afrique centrale : À l'image de l'UEMOA, l'organisation de la CEMAC (Communauté économique et monétaire de l'Afrique Centrale) constituée de six États (Cameroun, Centrafrique, Congo, Gabon, Guinée équatoriale et Tchad) utilise le franc CFA. Par contre, la RDC, ancienne colonie belge, dépend d'un autre franc moins stable, le CDF (0.0007 euro). Finalement, l'Angola et le Sao Tomé et principe, anciennes colonies portugaises, ont respectivement adopté comme monnaie le Kwanza (0.007 euro) et le Dobra (0.00004 euro).

Afrique de l'Est : Sur le plan monétaire, le noyau de cette région est la Communauté de l'Afrique de l'Est (CAE) rassemblant les Républiques du Burundi, du Kenya, du Rwanda, de l'Ouganda et de la Tanzanie. Cette organisation régionale intergouvernementale possède un objectif principal de création d'une union monétaire[52]. Elle devrait jouer un rôle de locomotive dans cette région. Cependant, les diversités des monnaies ne seraient que partiellement corrigées compte tenu des sept autres pays de cette région non membres de cette union. D'autre part, l'ardeur et l'ambition initialement annoncées de la CAE risquent d'être freinées par la crise politique au Burundi ainsi que les menaces actuelles de famine résultant de la sécheresse et du terrorisme imposé par groupe Al-Shabaab dans cette sous-région. Dans le tableau 8.2 de la page suivante, les monnaies ainsi que les taux de conversion de tous les pays concernés sont présentés.

---

52. ea.au.int/fr/sites/default/files/SIA_French.pdf (consulté le 17 avril 2013).

Tableau 8.2 : Monnaies de l'Afrique de l'Est

Pays	Monnaie	Nombre UM	Équivalent en Euro
Burundi	Franc	100 BIF	0.0568 Euro
Comores	Franc	100 KMF	0.2 Euro
Djibouti	Franc	100 DJF	0.41 Euro
Éthiopie	Bir	100 ETB	4.27 Euros
Érythrée	Nafka	100 ERN	5.3 Euros
Kenya	Shilling	100 KES	0.9 Euro
Madagascar	Amary	100 MGA	0.03 Euro
Ouganda	Shilling	1000 UGX	0.3 Euro
Rwanda	Franc	100 RWF	0.12 Euro
Sao Tomé et Principe	Dobra	1000 STD	0.06 Euro
Seychelles	Roupie	100 SCR	5.3 Euros
Somali	Shilling	1000 SOS	0.46 Euro
Tanzanie	Shilling	1000 TZS	0.5 Euro

Afrique australe : La zone monétaire rand s'est déployée dans une portion de l'Afrique australe pour desservir l'Afrique du Sud, le Lesotho, la Namibie et le Swaziland avec une monnaie, le ZAR convertible au taux approximatif de 0,1 Euro. À côté de cette zone monétaire, certaines nations animées de velléités de recherche de souveraineté nationale arborent différentes monnaies qui sont présentées dans le tableau 8.3 ci-dessous.

Tableau 8.3 : Autres monnaies que le rand de l'Afrique australe

Pays	Monnaie	Nombre UM	Équivalent en Euro
Botswana	Pula	100 BWP	10.33 Euros
Malawi	Kwacha	100 MMK	0.45 Euro
Mozambique	Metical	100 MZN	2.76 Euros
Zambie	Kwacha	100 ZMK	0.014 Euro
Zimbabwe	Dollar	100 ZWD	0.2 Euro

L'union économique et monétaire de la communauté économique des États de l'Afrique australe (SADC) créée en 2006 devrait jouer un rôle primordial dans cette construction régionale au sein de la Fédération.

5. La monnaie unique

Du système monétaire décrit dans la précédente section, nous percevons la pléthore des monnaies existantes et la nécessité de création d'une monnaie unique pour accompagner l'Afrique dans le processus de fédération. Ceci conférerait à l'Afrique une possibilité d'obtenir, comme toute nation indépendante, une politique économique et monétaire avec un meilleur contrôle ainsi qu'une plus grande maîtrise sur celle-ci. En effet, l'adoption d'une monnaie unique dans cadre de la Fédération africaine augmenterait les échanges internationaux de manières considérables (Rose 1999 ; Glick et Rose 2001) et faciliterait l'intégration monétaire qui devrait avoir une incidence appréciable au niveau des performances économiques des pays impliqués (Frankel et Rose 2000). Elle devrait avoir également un effet accélérateur au niveau des échanges interafricains et contribuerait à l'émergence d'un plus harmonieux marché commun par la suppression des obstacles commerciaux (Eichengreen 1998).

5.1. Fonds africain de réserves extérieures

En 1973, l'ancien président sénégalais, Abdoulaye Wade, avait proposé en tant qu'expert un fonds pour soutenir dans le long terme la création d'une monnaie africaine[53]. Ces avoirs, baptisés Fonds africains de réserves extérieures (FARE), étaient constitués et alimentés par les ressources ci-dessous.

a. Portion des recettes d'exportation des pays membres.

b. Aide au développement.

---

53. Wade A, *Un destin pour l'Afrique. L'avenir de l'Afrique*, éd. Michel Laffont, 2005.

c. Apport des institutions monétaires et financières internationales (FMI, BM, etc.).

d. Création de moyens de paiements spécifiques à l'image des DTS (Droits de tirage spéciaux).

D'après l'auteur, cette proposition avait été rejetée d'un simple revers de main. À mon avis, ce rejet était principalement motivé par l'immaturité politique des États et l'environnement économique prévalant durant cette période. En effet, la dépendance des économies africaines par rapport à leurs anciens maîtres était plus accentuée. De plus, l'objectif du fonds était plus axé sur le long terme que sur le court terme qui focalisait le champ de vision de nos jeunes économies. Le raisonnement des dirigeants était très simple et à la limite terre à terre. Pourquoi alimenter un fonds prévu pour les vingt prochaines années alors que la gestion de leurs dettes courantes posait la question de leurs survies sur le plan économique ?

Il faut également noter que cette proposition n'était pas effectuée dans un cadre d'États intégrés. Avec l'État fédéral, le FARE peut être remodelé afin de lui procurer un horizon d'intervention à court terme. En effet, les efforts et coûts de gestions déployés pour soutenir toute cette diversité de monnaies dépassent de loin le nécessaire pour la mise en place d'une monnaie unique. Il est donc possible d'évaluer pour chacune des régions cette dépense financière globale afin d'évaluer la contribution des pays impliqués. Ceci pourrait être versé ou considéré dans le FARE comme cinquième rubrique e. D'autre part avec la Fédération, l'économie serait plus performante et reposerait sur un bassin de population plus importante. Ceci aurait pour effet un accroissement des recettes d'exportation et d'importation donc une incidence considérable sur la première rubrique du fonds. Certaines communautés économiques bénéficieraient du rapatriement des réserves extérieures placées dans les banques centrales européennes permettant la convertibilité de certaines monnaies. C'est le cas de l'UEMOA dont le fonds de garantie financier est logé à la banque de France. Ce parapluie financier n'avait jamais servi et devrait être récupérable dans sa totalité.

Les monnaies nationales africaines, fragmentées dans des espaces monétaires parcellaires, deviennent des contraintes à la libre circulation des biens, des services, des hommes et du capital. Une période de transition est nécessaire pour réussir une harmonisation et une convergence des pratiques et des signes monétaires. Cela aura pour avantage d'améliorer la compétitivité des entreprises africaines, de soutenir une meilleure gouvernance des affaires publiques et d'augmenter le commerce interrégional[54].

La Fédération susciterait un plus grand flux d'échanges économiques interafricains qui auraient pour conséquence une réduction de la sollicitation globale de devises étrangères. La Fédération faciliterait la mise en place d'une banque centrale africaine (BCA) et d'un fonds monétaire africain (FMA) qui seraient les relais des institutions financières telles que la Banque Mondiale et le FMI. Elles serviraient à la facilitation d'une plus importante alimentation de la troisième rubrique du fonds. La Fédération fournirait une plus grande crédibilité à l'économie africaine et à la monnaie induite. Comment expliquer que des pays voisins avec des monnaies inconvertibles, achetant des devises étrangères pour assurer leurs échanges, n'aient pas d'intérêt à les effectuer dans une nouvelle monnaie commune ? Ceci aurait au moins réduit les coûts de transport des produits d'échanges et d'acquisition de ces devises étrangères. Même le troc ferait mieux que cet appel à une monnaie étrangère.

---

54. Amaizo Yves Ekoué, « Union monétaire et convergence : efficacité dans les échanges et souveraineté africaine », Acte *du premier congrès des économistes africains*, Kenya, vol. 1, 2010.

5.2. La monnaie unique

La Fédération et l'évolution résultant des échanges devraient être soutenues et accompagnées par une monnaie ainsi que par de solides institutions financières afin d'assurer un développement harmonieux de l'économie africaine. Pour cette raison, le système monétaire africain devrait jouer un rôle primordial et évoluer vers une monnaie unique. Le processus s'accompagnerait de l'établissement d'une monnaie régionale au sein de chacune des cinq régions. Dans la mesure du possible, ces monnaies devraient correspondre à la monnaie fédérale ou converger vers elle sur la base d'un régime de taux de change fixe en fonction du poids économique de chacune des régions.

Actuellement, l'Afrique de l'Ouest semble être la région la plus avancée dans le processus de création de la monnaie régionale[55]. La démarche proposée consisterait à mettre en place une zone monétaire parallèle à celle de l'UEMOA en l'occurrence la zone monétaire de l'Ouest africain (ZMOA) dont la monnaie serait l'ECO. Ces deux zones monétaires de l'UEMOA et de ZMOA devraient converger vers une zone commune partageant une monnaie unique.

En Afrique du Nord, l'absence de zone monétaire et la présence de monnaies locales parcellaires appellent à la création d'une nouvelle monnaie régionale. Elle devrait se calquer dans la perspective de la monnaie unique fédérale et basée sur l'organisation de l'Union du Maghreb arabe (UMA). Ceci permettrait d'éviter et de taire les soubresauts nationalistes liés à la question monétaire.

En Afrique Centrale, la création d'une telle zone s'effectuerait en adoptant la démarche ouest-africaine. Le rôle de l'UEMOA est joué dans une moindre mesure par la CEMAC (Communauté économique et monétaire

---

55. Afrique de l'Ouest – Communauté européenne. « Document de stratégie de coopération régionale et Programme indicatif régional pour la période 2008 - 2013 », 2014.

de l'Afrique Centrale). Il suffirait d'adjoindre les autres pays tels que Sao Tomé et Principe, l'Angola et la RDC à la création d'une zone monétaire régionale.

En Afrique de l'Est, la monnaie reposerait sur la nouvelle structure de l'Union économique et monétaire de la communauté économique des États de l'Afrique de l'Est (EAC). Elle doit être arrimée sur la future monnaie fédérale.

En Afrique australe, la monnaie reposerait sur la nouvelle tentative de mise en place de l'union économique et monétaire de la communauté économique des États de l'Afrique australe (SADC) dont l'installation était prévue en 2016.

Ainsi, chaque région devrait évoluer vers une zone voire une union monétaire afin d'y faciliter la création d'une monnaie régionale confectionnée à l'image de la fédérale. La situation idéale serait d'acquérir à l'image des États-Unis d'Amérique une monnaie unique pour tout l'État fédéral africain. Cependant, ceci pourrait être l'étape ultime d'une évolution de différentes monnaies régionales sur le principe d'une fusion en une monnaie commune. Initialement, chacune de ces monnaies bénéficierait d'un régime de change fixe. Le poids de chaque monnaie régionale serait déterminé en fonction de la vitalité économique de sa zone de couverture. Pour conserver sa souveraineté monétaire et sa maîtrise sur ses propres politiques monétaires, l'État fédéral devrait adopter un système de change flottant vis-à-vis des monnaies internationales d'échange. Ceci assurerait la préservation des termes de l'échange et une stabilité dans les échanges internationaux. D'ailleurs, l'association des banques centrales africaines (ABCA) s'est donné lors de la réunion de Dakar la mission de créer une monnaie africaine unique et d'une Banque Centrale en 2021[56]. Ce projet avait été adopté à Alger depuis le 4 septembre

---

56. www.journaldebangui.com/article.php?aid=848(consulté le 30 juillet 2011).

2002. Les démarches nécessaires n'avaient cependant pas été prises pour assurer sa réussite. La réunion tenue à Dakar en 2010 ne cherchait qu'à accélérer le processus pour la réalisation de l'échéance fixée. Le jeu coopératif des bourses défini dans la première section permet de dégager des stratégies optimales pour attirer un plus grand flux financier et ainsi, entreprendre des politiques adéquates en vue d'un développement financier plus ou moins adapté à l'Afrique. Dans ce contexte, la monnaie d'une future union monétaire devrait servir d'une part, à faire progresser la production et les échanges interrégionaux, et d'autre part à faciliter, sans manque à gagner, les échanges extra-régionaux.

Nous avons ainsi montré comment les processus, intimement liés, des intégrations financière et monétaire accompagnent la Fédération. Elles interagissent favora-blement pour assurer une meilleure vitalité économique au sein des pays impliqués. Le degré d'intégration des marchés financiers possède des incidences sur le comportement de la monnaie et sur les politiques moné-taires adoptées (Buch, 1998 ; De Bondt, 2000 ; Dornbusch, Favero et Giavazzi, 1998). D'autre part, une bonne santé monétaire faciliterait un épanouissement des marchés financiers et créerait un effet d'attraction des flux finan-ciers étrangers. Ceci impliquerait au sein de chaque pays une plus grande rigueur sur le plan des politiques budgétaires tout en incitant à une adéquation avec les différentes politiques monétaires et financières.

9

LES PRODUITS DE BASE

Les produits de base sont la base des produits exportés de l'Afrique.

Les produits de base sont des dérivés de ressources naturelles pouvant servir directement à la consommation ou constituer une matière première de produits manufacturiers. Englobant les produits agricoles, miniers et les hydrocarbures, les produits de base occupent une place importante dans les exportations des pays africains. Pour les pays subsahariens, les produits de base constituent plus de 80 % des exportations[58]. Dans certains pays, toute l'activité économique peut tourner autour de quelques produits de base et, dans les cas extrêmes, d'un seul produit. Cette dépendance aux produits de base constitue pour l'Afrique une faiblesse et une source de vulnérabilité économique. En effet, à cause de cette dépendance, les fluctuations chaotiques de leurs prix affectent considérablement les pays africains. Dans ce chapitre, nous montrons comment la Fédération pourrait inverser cette situation et aider à optimiser l'impact des produits de base sur l'économie africaine. Dans un premier temps, nous situons la place des produits de base dans l'activité économique des pays africains. Dans le cadre de la Fédération, l'opportunité de rentabilisation de certaines activités, directement ou indirectement liées à la filière

58. www.unctad.org/fr/docs/issmisc20038_fr.pdf (consulté le 3 mai 2011).

du cacao, est présentée dans la deuxième section. Ensuite, nous généralisons cette démarche aux autres produits de base. Enfin, sous l'hypothèse d'un contexte fédératif, nous revisitons et évaluons le Plan d'Arusha dans la dernière section.

1. Économies africaines et produits de base

Durant la colonisation, chaque pays africain était plus ou moins spécialisé dans une ou deux productions agricoles afin de servir les maîtres des colonies. Tout se passait comme si les colonies africaines constituaient une arrière-cour du colonisateur. La Côte d'Ivoire, le Nigéria et le Cameroun devaient servir le café ou le chocolat chaud pour le petit déjeuner. Le coton des pays subsahariens tels que le Mali et le Burkina Faso procurait le fil pour confectionner les costumes à porter ou la nappe de table à mettre. Tous les fruits tels que les bananes étaient fournis par la Guinée pour servir de désert. Les mines de diamants et d'or de l'Afrique ont été exploitées à fond pour la confection des bijoux portés par les hôtes de marque. L'Afrique est restée tributaire de cet héritage économique. D'ailleurs, sa contribution dans le commerce international des biens s'est considérablement réduite. Entre les années 1980 et 2000, elle est passée de 3.3 % à 1.6 % du commerce mondial[59]. Nous avons assisté en Afrique à une marginalisation des circuits commerciaux formels internationaux. Une première explication serait liée à la dépendance des pays africains à 60 % des produits de base. D'autre part, ces économies sont très concentrées sur seulement quelques produits. Par exemple, les ventes de café, de cacao, de thé et d'épices représentent la moitié des exportations de la Côte d'Ivoire et de l'Ouganda. Une étude plus approfondie de la filière du cacao permettrait de mieux cerner les différentes stratégies ainsi que les enjeux.

---

59. Chavagneux Christian, « Commerce : l'Afrique marginalisée », *Alternatives Économiques* n° 207 - octobre 2002.

2. La filière du cacao

La production de cacao en Afrique représente 70 % du marché mondial. Cette production provient plus précisément de la Côte d'Ivoire, du Ghana, du Cameroun et du Nigéria. Son exploitation est principalement l'œuvre de petites plantations familiales de moins de 10 ha avec un rendement moyen assez faible. Le pourcentage restant de la production mondiale provient de l'Amérique latine (13 %) et de l'Asie (17 %).

Tableau 9.1 : Principaux pays producteurs 2004/05[60]

Pays producteurs de cacao	Continent et Région	Pourcentage par rapport à la Production mondiale
Côte d'Ivoire	Afrique de l'Ouest	38 %
Ghana	Afrique de l'Ouest	21 %
Cameroun	Afrique centrale	5 %
Nigéria	Afrique de l'Ouest	5 %
Indonésie	Asie	13 %
Malaisie	Asie	1 %
Brésil	Amérique du Sud	4 %
Équateur	Amérique du Sud	3 %
Autres		10 %

Ces données montrent que l'Afrique produit près de 70 % de la production mondiale. L'Indonésie et la Malaisie produisent respectivement 13 % et 1 % tandis que le Brésil et l'Équateur se partagent 7 %. Parmi les 10 % restants, l'Amérique latine et l'Asie se taillent respectivement la part de 4 % et 3 %. Par rapport à la période 2011-2012, si la production de l'Afrique a diminué, sa part a augmenté pour rejoindre le taux de 74.8 % (voir tableau 9.2).

60. CNUCED, « Données statistiques de l'Organisation Internationale du cacao », *Bulletin trimestriel de statistiques du cacao*, 2005.

Tableau 9.2 : Régions productrices de cacao en 2011/12[61]

Production de cacao par zone	Tonnage	Pourcentage par rapport à la Production mondiale
Afrique	3223	74.8 %
Amérique du Sud	544	12.7 %
Asie et Océanie	537	12.5 %
Monde	4304	100 %

Le jeu du cacao peut donc être perçu comme un duopole où les joueurs sont l'Afrique et le RDM (Reste du monde). Compte tenu des intérêts impliqués, c'est un jeu non coopératif. Si le cacao est très largement produit en Afrique, en Asie et en Amérique du Sud, les produits dérivés sont principalement consommés en Amérique du Nord, en Europe, au Japon et à Singapour. Les acheteurs de fèves de ces pays sont essentiellement l'industrie chocolatière de transformation et de confection contrôlée par une poignée de multinationales.

Pour le cacao et ses dérivées, plus de 90 % des consommateurs ne sont pas producteurs et les producteurs ne sont pas consommateurs. En effet, l'Europe et l'Amérique du Nord consomment plus de 87 % de la production mondiale. Le tableau 9.3 de la page suivante représente les principaux consommateurs de cacao.

Les pays du Nord, non producteurs, transforment le cacao en poudre ou en produit chocolatier pour leur consommation et celle du reste du monde. De plus, ils contrôlent aussi bien les prix de la matière première que ceux des produits finis. En conséquence, ils veillent à ce que le prix de la fève demeure bas pendant que celui de la tablette de chocolat augmente continuellement.

---

61. ICCO, *Quarterly Bulletin of Cocoa Statistics, Vol. XL, No. 1,* Cocoa year 2013/14, 2014.

Tableau 9.3 : Les principaux pays consommateurs
2004/05[62]

Pays consommateurs	Continent et Région	% Production mondiale
États-Unis	Amérique du Nord	32.7 %
Canada	Amérique du Nord	2.6 %
Brésil	Amérique du Sud	3.7 %
Mexique	Amérique du Sud	2.5 %
Allemagne	Europe	11.6 %
France	Europe	10.3 %
Royaume-Uni	Europe	9.2 %
Italie	Europe	4.6 %
Espagne	Europe	3.8 %
Belgique	Europe	2.2 %
Pologne	Europe de L'Est	2.6 %
Russie	Europe de L'Est	7.7 %
Japon	Asie	6.4 %

Les multinationales se sont donné la charge de satisfaire les besoins de consommation du Nord. En Afrique,
elles achètent des fèves qui sont dérivées des graines de
cacao par fermentation et séchage. Ensuite, elles les dé-
cortiquent et les fondent pour produire la pâte de cacao
qui est le principal ingrédient pour la fabrication de chocolat. Ces industries, installées dans les pays du Nord,
extraient également le beurre de cacao qui procure le
tourteau dégraissé ou même la poudre de cacao. Ce cartel
d'acheteurs domine le marché qui est un véritable oligopsone. En conséquence, le prix des fèves de cacao payé au
planteur côtoie son niveau de plancher malgré le contre-
poids du renforcement des capacités commerciales induit
par les acteurs de développement[63]. Ce prix est relativement stable par rapport au prix en croissance continue
avec des hausses plus sévères prévues de la tablette de

---

62. CNUCED, « Données statistiques de l'Organisation Internationale du cacao »,
Bulletin trimestriel de statistiques du cacao, 2004.
63. tcbdb.wto.org index.asp

chocolat[64]. Aujourd'hui, l'Afrique fournit plus de 70 % avec la Côte d'Ivoire occupant le premier rang de la production mondiale. Elle pourrait perdre cette tête de peloton compte tenu de la crise politique qu'elle a traversée et de la détermination du Ghana qui est en train d'accroître considérablement sa production.

3. Coopération des pays africains

Comme les ressources sont rares et limitées, nous assistons obligatoirement à des conflits potentiels dépendamment de leurs répartitions. Dans ce sens, le jeu dans les relations internationales peut être presque considéré comme à somme nulle. Pour analyser le marché du cacao, nous considérons le jeu à deux joueurs entre l'Afrique et le reste du monde (RDM). Même si les pays de l'Afrique produisent 70%, les prix du cacao sont fixés par les acheteurs et les consommateurs. L'Afrique a tendance à exporter ses fèves au RDM, dont la majeure partie en Europe. Les entreprises du RDM les traitent avant de les transformer sous forme de produits chocolatiers. Elles n'interviennent pas localement ni pendant la production ni lors de la collecte des fèves. Une stratégie des producteurs serait de procéder à la vente après le broyage des fèves. Ceci suppose une meilleure organisation de la production. Les petites exploitations n'ont pas les moyens et ne peuvent pas toujours se lancer dans cette entreprise. Par contre, la création de l'état africain suppose de meilleures organisation et coordination de l'activité du cacao. Des investissements autres que ceux des pays producteurs peuvent être sollicités. Par exemple, l'Afrique du Sud pourrait apporter son concours financier pour mettre sur pied une industrie de transformation aux frontières du Ghana et de la Côte d'Ivoire. Les deux pays pourraient profiter de cette industrie pour mettre en valeur leurs produits dérivés du cacao. Cette stratégie, auparavant inaccessible, devient une do-

---

64. Bruno Dorin, « De la fève ivoirienne de cacao à la plaquette française de chocolat noir ». *Document CIRAD AMIS-36*, CP-1602, 2003.

minante pour les producteurs africains, car partageant un même État. Les consommateurs du RDM n'auront plus le choix que d'utiliser une stratégie qui consiste à s'impliquer localement dans l'activité de broyage et de transformation. Comme le jeu est dynamique et répété, les entreprises du RDM auront intérêt à s'impliquer de peur que l'Afrique développe une troisième stratégie qui consiste à se lancer dans l'activité de la chocolaterie. En plus, en décomposant le RDM en trois joueurs, dont l'Europe, l'Amérique et l'Asie, le jeu se mute pour intégrer quatre joueurs au lieu de deux. Dans ce cas, d'autres stratégies peuvent s'offrir à l'Afrique, notamment l'alliance avec l'Amérique et l'Asie pour constituer l'OPPEC (Organisation des pays producteurs et exportateurs de cacao). Ainsi dans ce jeu, de la position de suiveurs ou followers, les producteurs africains gagnent le statut de meneurs ou leaders résultant de la mise en place de l'État fédéral africain. Une meilleure organisation de la production pourrait également inciter l'Afrique à s'intéresser au cacao produit dans des régions de Madagascar. Ces cacaos réputés pour leurs saveurs un peu acides et fruitées sont très prisés et vendus au titre de fins. Et, ceci est dû au fait de l'excès de la demande. Il est possible d'étudier de manière plus approfondie ces jeux afin de déterminer les différentes formes d'équilibres qui y interviennent. Une forme très souvent rencontrée en théorie des jeux est l'équilibre de Nash[65] que nous avons présenté dans le chapitre 2. En considérant l'Afrique dans sa globalité et le reste du monde, les jeux deviennent non coopératifs. Nash a démontré que pour ces problèmes, il existe au moins un tel équilibre. Si les stratégies sont présentées sous forme d'arbre, cet équilibre peut être calculé en partant des sommets terminaux de l'arbre et en appliquant le principe d'induction vers l'amont[66]. L'étude de la stabilité d'un tel équilibre est souhaitable pour une plus grande compréhension par rapport au jeu et donc un

65. Nash J., « Non cooperative Games », *Annals of Mathematics*, vol. 54, 1951, pp 286-295.
66. *Ibid.*

meilleur comportement stratégique. Cette démarche approfondie pourrait être adaptée aux contextes de tous les produits de base. En effet, elle pourrait également être appliquée dans d'autres domaines comme au niveau du commerce international de différents produits. D'autre part, l'Afrique devrait privilégier son commerce interne entre les différents États membres de l'union. Il suffirait de considérer les importations et exportations africaines afin de les orienter dans le sens prioritaire des pays de l'Afrique. En tant que pays, la satisfaction de l'offre et de la demande interne constitue une priorité. Cette démarche réduirait les frais de transport et d'acquisition de devises étrangères. Comme l'indique l'indice de Herfindhal-Hirschmann lorsque le taux de produits de base dans les exportations d'un pays est relativement élevé, dans le cas de l'Afrique (environ 0.5)[67], des stratégies optimales induisant des diversifications verticales pourraient déboucher sur une meilleure stabilité économique, une croissance accélérée et une réduction de la pauvreté. Avec la mondialisation, les pays africains tributaires des produits de base ont régulièrement de la difficulté d'accéder au marché international. Une des principales causes est le niveau assez élevé des subventions que certains pays du Nord accordent à leurs producteurs. Par exemple, en ce qui concerne le coton, la subvention accordée aux producteurs américains en 2000 de 4.2 milliards de dollars est 6 fois plus importante que le budget du Burkina Faso[68]. « L'intégration au marché global favorise la croissance économique et le développement, mais les conditions d'accès imposées par les pays importateurs, ainsi que les mesures de protectionnisme, sont des obstacles importants que la plupart des pays exportateurs ont du mal à dépasser »[69]. La Fédération permettrait l'intervention de ces économies plus concertée, mieux organisée, donc plus efficiente. Cette coopération aiderait et encouragerait certains pays

---

67. CNUCED, *Guide to Commodity based export Diversification and competitiveness Strategies for African Countries*, 2006.
68. www.unctad.org/fr/docs/issmisc20038_fr.pdf.
69. *Ibid.*

comme le Togo dont la production[70] de cacao a approximativement diminué de 68 % depuis l'année 1995 malgré son
voisinage avec les plus grands producteurs du monde.

4. La Fédération et le plan d'Arusha[71]

En novembre 2005, un plan d'action africain concernant
les produits de base adopté à Arusha recommande aux
pays africains la prise d'actions en vue d'élargir leur base
d'exportations. Le plan les exhorte également à la quête
d'intensification de la coopération régionale. À travers
cette section, nous montrons comment la Fédération offre
une excellente réponse par rapport aux sept recomman-
dations proposées en les revisitant successivement. Cette
démarche est loin d'être une évaluation d'application du
plan par les États africains. Elle est plutôt une mesure de
l'impact positif qu'aurait généré la mise en place de l'État
continental par rapport au plan d'Arusha.

4.1. Améliorer la situation des produits de base.

Avec la Fédération, l'Afrique mettrait en œuvre des
formes de coopérations des pays producteurs et exportateurs pour un même produit de base. Ainsi, l'importance
de l'Afrique serait plus appréciée par la communauté internationale pour induire un rôle crucial au secteur des
produits de base dans son processus de développement.
La Fédération devrait également renforcer la coopération
avec les associations des consommateurs dans le cadre
d'organismes internationaux des produits de base. Avec
la Fédération, des actions plus coordonnées réduiraient
les offres excédentaires de produits de base dont les pays
africains sont les principaux exportateurs.

D'autre part, la fusion des bourses en une seule, possédant une grande envergure, devrait fournir aux Africains

---

70. http://perspective.usherbrooke.ca/bilan/tend/TGO/fr/RS.COC.PROD.PP.MT.html.
71.www.africaunion.org/trade%20and%20industry/Arusha/Commodities/Arusha_
Declaration_FINAL_fr.pdf

une voix au chapitre pour le contrôle des cours des produits de base. Elle faciliterait l'attractivité des investissements des pays africains. Ceci permettrait un développement de l'industrie de transformation en particulier celle des produits alimentaires. En tant que pays, la cohérence des politiques gouvernementales serait plus accentuée et plus encouragée.

4.2. Compétitivité des produits de base

La stratégie de fédération faciliterait l'accroissement de la productivité et l'amélioration de la compétitivité de l'agriculture. Ceci aurait une incidence positive sur les stratégies de réduction de la pauvreté. La Fédération devrait accroître les investissements dans les infrastructures, en particulier dans les zones rurales. Ceci aurait un impact dans le transport et le stockage des produits de base. Les installations propres à améliorer la logistique de production et de commercialisation des produits de base devraient être convoitées afin d'améliorer les services d'appui à l'agriculture. Ainsi la Fédération renforcerait les capacités de production et de commercialisation des petits producteurs. Elle devrait laisser ouverte l'option de commerce équitable afin de maintenir ses partenaires du Nord qui militent contre les cultures d'OGM et les productions de matières synthétiques qui concurrencent les produits agricoles naturels avec tous les risques potentiels de santé publique.

4.3. Participation accrue des producteurs

La Fédération devrait assainir la chaîne d'approvisionnement afin d'assurer son efficacité globale. Ceci serait assuré par une bonne coopération entre les acteurs dans ce domaine. Cette démarche devrait permettre aux producteurs de se conformer aux normes sanitaires et phytosanitaires tout en améliorant la compétitivité de leurs produits. L'objectif de la Fédération serait de faciliter aux producteurs la conquête des marchés africains avant de donner l'assaut aux marchés extérieurs. Les nouvelles technologies de communication faciliteraient une assurance d'un flux plus cohérent d'informations à travers les réseaux de distribution et de commercialisation. À cet égard, ces échanges favoriseraient le soutien du secteur privé dans son objectif d'établissement de partenariats sur les marchés d'exportation.

4.4. Promouvoir la diversification et la valorisation

La Fédération se donnerait également la mission d'encourager et de promouvoir les investissements pour la diversification des produits de base en fournissant aux investisseurs locaux des incitations. En effet, en opérant de manière coopérative au niveau de chaque produit de base, les pays producteurs et investisseurs pourraient assurer leur valorisation et leur diversification. L'Afrique apporterait dans le même temps un appui aux petits producteurs afin d'accroître leur pouvoir de négociation. Ceci faciliterait leur insertion ainsi que leur intégration dans les chaînes d'approvisionnement internationales. En conséquence, ces exploitants assisteraient à un accroissement de la valeur ajoutée retenue dans le pays exportateur.

4.5. Développer les marchés

Avec la convergence vers la monnaie unique et avec l'objectif d'intégration économique la Fédération susciterait la création de marchés nationaux et régionaux pour les produits de base. Il devrait en être de même pour certains intrants agricoles. Le commerce interafricain devrait être renforcé dans le cadre de la Fédération par l'élimination des barrières tarifaires et non tarifaires de tous les produits.

4.6. Financement et résistance aux chocs du secteur

Comme nous l'avons noté dans le cas du cacao, la Fédération attirerait les investissements internes de ses différents membres. La direction des flux financiers devrait être plus attractive. Avec la fusion de ses bourses, l'état continental renforcerait les capacités à réduire l'impact négatif de l'instabilité des prix des produits de base aux niveaux macro et microéconomiques. Cette démarche s'accompagnerait par la mise en place de groupe de régimes d'assurance. L'Afrique devrait mettre en place des programmes de développement rural et de plus pertinents programmes de gestion. L'uniformisation des procédés créerait un environnement réglementaire et institutionnel permettant aux acteurs africains de conquérir le marché. Ceci inciterait également la conquête de marchés internationaux. La Fédération élaborerait également de nouveaux mécanismes d'investissement afin de réinjecter une part du revenu issu des produits de base à travers la confection du fonds FADE. Cette mobilisation financière jouerait un rôle dynamique dans la promotion des marchés locaux de capitaux.

4.7. Créer une bourse des produits de base

Avec la création d'une seule bourse par la fusion des existantes, l'Afrique devrait acquérir une influence assez considérable sur les cours des produits de base. La possibilité de cette stratégie est offerte par la Fédération. L'Afrique devrait également sensibiliser les acteurs sur les questions portant sur la bourse des produits de base par le biais d'ateliers et conférences. Elle devrait apporter un soutien logistique nécessaire aux activités des différents groupes d'intérêts. L'intégration monétaire et financière au niveau de la Fédération faciliterait le financement de l'établissement des rapports techniques sur les modalités de conception de la bourse des produits de base. La monnaie unique devrait réduire les coûts de transaction et induire le commerce interrégional.

Ainsi la Fédération offre une opportunité d'une meilleure coopération régionale et incite une action participative
à la mise en place d'industries de transformation des produits de base. Des pays voisins partageant la production
d'un même produit de base peuvent ériger des unités de
transformations communes. La Fédération aiderait également à la diversification des produits dans les marchés
africains. Une bourse financière impliquant tous les pays
pourrait être mise en place pour permettre aux Africains
d'obtenir un plus grand contrôle sur les prix des produits
de base. Avec la Fédération, l'initiative sur les produits
de base reviendrait principalement à l'Afrique qui pourrait elle-même assurer la diversification et l'expansion
de son commerce. Dans le même temps, l'Afrique devrait
entretenir d'assez bonnes relations avec la communauté
internationale pour faciliter son intervention et rendre efficiente sa contribution. Il faudrait dans les premières années de la naissance de la Fédération placer l'Afrique sur
une rampe de décollage. La communauté internationale
devrait améliorer les mécanismes financiers existants en
vue de compenser les pertes du commerce africain et l'expansion du Fonds commun pour les produits de base. Elle
devrait également respecter ses engagements préalables
en contribuant aux fonds de diversification et de contribution. Ceci permettrait à long terme d'éliminer l'aide au
développement. La mise en place de la Fédération faciliterait un développement du commerce régional et son
amélioration organisationnelle. En effet, ce marché facilement pénétrable, mais dominé par le secteur informel,
posséderait des normes moins contraignantes. En plus,
des obstacles imposés par les douanes, les politiques et les
groupes armés entravent considérablement ces échanges
en induisant des coûts et des retards inutiles. Cette situation installe une confusion totale au niveau des règles de
tarification douanières et complique toute tentative d'établissement de zones libres et d'unions douanières. Ainsi,
l'uniformisation de la tarification éliminerait les obstacles
au commerce interétatique et les distorsions des échanges dues aux différentes formes de taxations indirectes.

La mise en place de la Fédération faciliterait l'installation d'un réseau de transport plus viable aussi bien sur le plan des structures que sur le plan de la régulation. En effet, les réglementations liées aux transports sont souvent très contradictoires et devraient être uniformisées. Elle faciliterait également l'harmonisation des accords bilatéraux de commerce, des admissions temporaires et des régimes d'exemption tarifaire.

Notons finalement que pour une complète réussite d'un quelconque plan comme celui d'Arusha, il faudrait préalablement penser à réorganiser structurellement l'Afrique afin de rendre ses actions plus opérationnelles. Et dans ce sens, une mise en place judicieusement menée des États-Unis d'Afrique est la réponse la plus adéquate.

10

CULTURES, LANGUES ET ÉDUCATION

> « *Les études africaines ne sortiront pas du cercle vicieux où elles se meuvent pour retrouver tout leur sens et toute leur fécondité qu'en s'orientant vers la vallée du Nil.* »
>
> Cheikh Anta Diop[73]

Cheikh Anta Diop[74]

---

73. Diop C. Anta, « Pour une méthodologie de l'étude des migrations des peuples en Afrique subsaharienne », *Revue Ankh*, numéro 4-5, 1995-1996.
74. Photo tirée de : www.ankhonline.com.

Contrairement à la perception généralisée, l'Afrique n'est pas habitée par une seule population partageant une même culture, mais par une diversité de peuples souvent très perceptible dans un même pays. Cependant, plus les populations sont géographiquement rapprochées, plus les ressemblances culturelles ont tendance à s'accentuer. Pour cette raison, nous allons mettre en relief ces différences culturelles et linguistiques en visitant séquentiellement les cinq régions. Ensuite, nous discuterons du système approprié d'éducation pour finalement aborder le rôle et la place des sociétés africaines dans la Fédération.

1. Cultures et Langues

L'Afrique présente une grande diversité sur le plan linguistique avec 1302 langues parlées par plus de 2000 ethnies[75]. Ceci constitue un indicateur de la variété des cultures sur le continent que nous présentons à travers les différents tableaux régionaux. Cette présentation ne saurait être exhaustive au risque de nous détourner de l'objectif qui est juste de mettre l'accent sur cette diversité.

1.1. Afrique de l'Ouest

Cette région présente une large diversité culturelle et linguistique résultant de la présence d'une variété d'ethnies. Elle est constituée d'une quinzaine de pays ayant un héritage commun. Par rapport à l'effroyable commerce triangulaire, ils ont été les premiers et derniers points de contact avec l'Afrique. D'autre part, les huit pays que sont le Bénin, le Burkina Faso, la Côte d'Ivoire, la Guinée, le Mali, le Niger, le Sénégal et le Togo ont subi la colonisation française. À part la Guinée, les sept pays ont constitué avec la Guinée-Bissau une union économique et monétaire appelée UEMOA (Union économique et monétaire de l'ouest de l'Afrique). Ces huit pays partagent la même monnaie ; le

---

75. www.populationdata.net.

franc CFA. Bien qu'étant avec le Cap-Vert une ancienne colonie portugaise, la Guinée Bissau s'est associée à cette organisation par commodité. D'autres pays comme la Gambie, le Ghana, la Sierra Léone et le Nigéria ont subi une influence coloniale anglaise tandis que le Libéria a été créé à partir d'un projet de retour en Afrique d'anciens esclaves noirs des États-Unis d'Amérique. Sa population était donc initialement constituée d'un mélange d'indigènes africains et de Noirs américains. Dans cette région, les langues officielles sont naturellement le français, l'anglais et le portugais. En effet, huit pays de cette région ont le français comme langue officielle. Cinq pays utilisent principalement l'anglais tandis que la Guinée-Bissau et le Cap-Vert communiquent officiellement en portugais. Des politiques linguistiques adéquates seraient utiles pour permettre la mise en valeur des langues nationales associées aux groupes ethniques dont les principaux, selon leur importance numérique, sont présentés dans le tableau 10.1.

Tableau 10.1 : Principaux groupes ethniques.

Groupe ethnique	Pays	Estimation
Akans	**Côte d'Ivoire**, Ghana, Togo et Bénin	20 millions
Bambara	**Mali**, Guinée, Sénégal et Burkina Faso	4.5 millions
Haoussa	**Niger, Nigéria**	28 millions
Peulhs	**Guinée, Sénégal** Presque tous les pays	20 millions
Songhaï	**Mali,** Niger	5.7 millions
Yoruba	**Nigéria**, Ghana, Togo et Bénin	33.5 millions
Wolof	**Sénégal**, Gambie	5 millions

Les noms de pays, écrit en foncé, comprennent la plus importante population de l'ethnie considérée.

Estimés à 20 millions, les Akans sont un groupe de peuples qui sont situés en Côte d'Ivoire, au Ghana, au Togo et au Bénin. Ces pays sont également occupés par une population minoritaire de Yoruba. Ce groupe ethnique, estimé à 33.5 millions est principalement installé au Nigéria sur la rive du fleuve Niger. L'autre rive est occupée par les Haoussas qui constituent un important groupe ethnique également retrouvé au Niger. La langue Haoussa est parlée par plus de 60 millions de personnes en Afrique de l'Ouest. D'ailleurs, elle est une langue officielle au nord du Nigéria et une langue nationale au Niger où sont également installés les Songhaïs. Au nombre de 5.7 millions, les Songhaïs forment un groupe ethnique retrouvé majoritairement au Mali. Dans l'ensemble des pays de l'Afrique de l'Ouest se sont répandues les populations peulhs, estimées à 20 millions[76]. Ceci est facilité par leurs activités d'élevage et leur qualité de nomade. En Guinée, une trentaine de langues est parlée dont les principales sont le peulh (32 %) et le malinké (23 %). Cet état de fait assez similaire au Libéria est doublé en Côte d'Ivoire où il existe une soixantaine d'ethnies[77]. Il faut noter que les migrations internes sont très importantes dans cette région qui reçoit le plus d'immigrants en Afrique.

1.2. Afrique du Nord

Dans cette région avec une culture dominante islamique, la langue officielle principalement utilisée est l'arabe. D'ailleurs cette zone nordique semble être très uniforme sur le plan culturel. Elle est cependant loin d'être un bloc unitaire sur le plan linguistique. En effet, en dehors d'une grande variété de langues berbères, des dialectes arabes sont parlés dans chaque pays. Cette région englobe le grand Maghreb (Algérie, Maroc, Mauritanie, Tunisie) qui a subi la colonisation française et a adopté le fran-

---

76. Atlas des minorités dans le monde, Cartes *de la répartition géographique des Peuls*, Roland breton, 2008.
77. www.tlfq.ulaval.ca/axl/afrique/guinee_franco.htm (Consulté en mai 2012).

çais parmi ses langues officielles. Leurs voisins tels que l'Égypte, la Libye et le Soudan ont subi une plus grande influence anglaise. Le nord du Soudan vient de perdre sa partie du sud pour devenir le Soudan du Nord. Par contre, la Libye a été occupée à partir de 1912 par l'Italie jusqu'à la Seconde Guerre mondiale. Ensuite, mise sous tutelle anglaise, elle proclame son indépendance en 1951 sous la forme d'une monarchie. Les langues officielles au niveau de cette région sont naturellement la langue locale arabe ainsi que les langues étrangères, le français et l'anglais. Des politiques linguistiques adéquates seraient également utiles pour permettre la survie des différentes langues berbères.

1.3. Afrique centrale

L'Afrique centrale est la région formée par le sud-est du Sahara, l'est du bouclier ouest-africain et l'ouest de la vallée du Rift. En visionnant la forme de l'Afrique comme celle d'une tête humaine, cette région représente physiquement la gorge. La région est une zone forestière contenant le bassin du Congo qui comprend une grande surface couvrant 6 pays, le Cameroun, la Centrafrique, le Congo, la République démocratique du Congo (RDC), le Gabon et la Guinée équatoriale. À part le Cameroun et la Guinée équatoriale, ces pays ont subi la colonisation française et ont comme langue officielle le français. Le Cameroun est une ancienne colonie allemande qui, à la fin de la Deuxième Guerre mondiale, fut placée sous la tutelle des Nations Unies avant d'être confiée à la France et au Royaume-Uni. Pour cette raison, ses langues officielles sont actuellement le Français et l'Anglais. Le sixième pays, la Guinée équatoriale, possède l'Espagnol comme langue nationale avec le Français et le Portugais comme autres langues officielles. Cette région comprend également dans sa partie Nord-Est le Tchad qui fut une ancienne colonie française. Avec sa proximité frontalière avec le Nord, ses langues officielles sont le Français et l'Arabe. Les deux pays complétant cette description régionale sont les deux pays lusophones que sont l'Angola et Sao Tomé-et-Principe qui sont d'anciennes colonies portugaises. Par souci de continuité, de commodité et d'unification, les langues officielles de cette région devraient être provisoirement le Français, l'Anglais et le Portugais. Dans cette région, nous retrouvons les Bantous, agriculteurs et sédentaires, qui regroupent différentes ethnies parlant quatre cents langues apparentées. Un autre groupe ethnique retrouvé symbolisant cette région est constitué par les pygmées, dont leurs petites tailles de 1m 20 m à 1m 50 m résultent principalement d'une adaptation à leur mode de vie forestière. Vivant principalement de la cueillette et de la chasse, ils sont dispersés entre plusieurs pays tout le long de l'équateur et composés de sous-groupes ethniques. Les pygmées sembleraient être apparentés aux Bantous avec qui la séparation serait faite il y a plus de 70 000 ans[78]. Un autre groupe ethnique assez important appelé les Kongos, est retrouvé dans cette région. Ils sont composés d'une dizaine de millions principalement situés au Congo, en Angola et en République démocratique du Congo. Ils ont développé un sens si prononcé de l'unité et de l'appartenance au groupe qu'ils sont arrivés à donner le nom Congo à deux états.

1.4. Afrique de l'Est

Cette région comprend les pays des Grands Lacs qui sont le Burundi, le Kenya, l'Ouganda, la Tanzanie et le Rwanda. Notons que le nouvel État du Soudan du Sud est également rattaché à cette région qui a connu, avec la Tanzanie, une de fusion réussie d'États. En effet, les états fraîchement indépendants, que sont le Tanganyika et le Zanzibar créent en 1964 la République unie de Tanzanie. Les langues officielles en Tanzanie sont l'anglais et le swahili. La Tanzanie, comme ses voisins directs le Kenya et

---

78. Patin Etienne and al., "Inferring the Demographic History of African Farmers and Pygmy Hunter – Gatherers Using a Multilocus Resequencing Data Set. PLoS Genetics", 2009 (Consulté le 11 mai 2011).

l'Ouganda partageant la même région, a subi une influence coloniale anglaise. Cette région contient en outre les pays de la corne de l'Afrique que sont l'Éthiopie, l'Érythrée, le Djibouti et la Somalie. Les deux derniers pays ont pour langues officielles le français tandis qu'en plus de l'anglais comme langue officielle l'Éthiopie et l'Érythrée utilisent respectivement l'amharique et le tigrinya comme instrument de travail au niveau du gouvernement. D'ailleurs, l'Érythrée a adopté le tigrinya parmi ses langues officielles dont les autres sont l'anglais et l'arabe. Cette région est la zone de prédilection des langues traditionnelles africaines. C'est la seule zone où des politiques de valorisation de langues africaines ont été adoptées et appliquées sans compromis. Le plus représentatif peuple de cette zone est celui des Massaïs. Ils ont un mode de vie très traditionnel et suscitent une forte curiosité par la richesse de leur culture, l'élégance de leurs postures et la sobriété de leurs tenues. Éleveurs de bétail et nomades, les Massais sont principalement retrouvés dans les vastes savanes du Kenya. La région de l'Est comprend également les îles de l'océan indien qui possèdent parmi leurs langues officielles le français. Elles sont constituées par la République de Madagascar, les Seychelles, l'île Maurice et la Fédération d'États des Comores.

1.5. Afrique australe

Cette région est la dernière zone du sud de l'Afrique constituée par l'Afrique du Sud et ses voisins immédiats que sont la Namibie, le Botswana, le Zimbabwe, le Mozambique, le Swaziland et le Lesotho. Englobant également le Malawi et la Zambie, cette région a adopté majoritairement l'anglais comme langue officielle. La seule exception est le Mozambique qui est lusophone, car ancienne colonie portugaise. D'autres langues officielles telles que l'Allemand, l'Afrikaans, originaires de l'Afrique du Sud et l'Oshivambo, une famille de langues africaines de l'Angola et du nord de la Namibie, ont été également adoptées par certains pays.

Sur le plan démographique, les Bantous, originaires du centre, occupent en partie l'Afrique australe où seuls les Bochimans et les Hottentots ont des langues d'origines différentes. Le peuple d'Afrique australe le plus célèbre est le peuple zoulou à cause de sa résistance à l'invasion européenne et de ses qualités de guerriers. Appartenant au groupe ethnique Nguni et principalement installés en Afrique du Sud, les Zoulous sont un peu plus de 11 millions.

2. Éducation

2.1. Une éducation plus adaptée

L'Afrique doit veiller à la conservation de sa diversité culturelle pour mieux assurer son unité. D'après les études du professeur Diop[79], cette diversité converge vers l'Égypte pharaonique en stipulant que les recherches au niveau de l'Afrique « ne sortiront pas du cercle vicieux où elles se meuvent pour retrouver tout leur sens et toute leur fécondité qu'en s'orientant vers la vallée du Nil. » Une éducation plus adaptée en Afrique devrait débuter par l'enseignement des langues nationales. Depuis le début des études de niveau primaire, les langues nationales devraient être[80] enseignées selon la localité et le choix des parents. Chaque écolier devrait être initié dans une langue nationale et une deuxième tout au début du secondaire. Ceci devrait faciliter une meilleure intégration entre les différentes communautés. En effet, la première langue devrait en général être celle du groupe ethnique de l'écolier tandis que la deuxième serait la langue économique du milieu. Cette orientation est en train d'être partiellement expérimentée dans certains pays africains comme le Sénégal sous la direction de l'ONG ARED (Association

---

79. Cheikh A. Diop, « Pour une méthodologie de l'étude des migrations des peuples en Afrique subsaharienne », Revue Ankh, numéro 4-5, 1995-1996.
80. www.batotosenegal.blogspot.ca (consulté le 6 mai 2015).

pour la recherche, l'éducation et le développement). Cependant, le fait de le limiter à une langue et aux trois premières années ne saurait assurer le développement des langues nationales. En effet, c'est la formation dans au moins deux langues qui devrait assurer la convergence vers une langue nationale officielle. Notons cependant que pour certains pays, cette démarche ne serait pas nécessaire, car ce choix est réglé par l'orientation éducative déjà initiée. Nous pouvons citer le cas de la langue amharique qui est une langue de travail en Éthiopie et du tigrinya qui est une langue officielle en Érythrée. Nous pouvons également citer le swahili qui a déjà obtenu ses galons au niveau de l'éducation en Tanzanie et dans certains pays de la région de l'Est.

2.2. Enseignement du rôle de l'Égypte pharaonique

En dehors des langues, l'histoire et les cultures doivent obtenir une place de choix dans les programmes. Certes, une grande partie de l'histoire est enseignée, mais devrait trouver une place plus importante. Toutes les cultures régionales devraient être mieux explorées par les programmes tandis qu'une connaissance au moins partielle des autres cultures serait souhaitable. Une place honorable doit être réservée à l'Égypte pharaonique sur le plan aussi bien culturel que scientifique. L'enseignement des fondements de base des mathématiques devrait corriger le silence complice sur le rôle de l'Égypte pharaonique dans l'élaboration des sciences. D'ailleurs, des programmes universitaires devraient être confectionnés et établis pour préparer les chercheurs dans ce domaine. C'est vraiment dommage que nos plus grandes universités ne possèdent pas de programmes orientés dans cette direction. Ce constat est le même en ce qui concerne les cultures et les langues africaines. L'ironie du sort est l'existence de telles formes de départements dans presque toutes les grandes universités américaines.

2.3. Énergie solaire

En 2010, plus de la moitié (57 %) de la population africaine n'a aucun accès à une source d'électricité[81]. Pour permettre à la majorité de la population de profiter des conditions minimales d'une vie productive et saine, l'Afrique a besoin de se tourner vers l'énergie solaire. Elle devrait mettre en valeur sa richesse inexploitée qu'est l'énergie solaire ou l'or lumineux. Son exploitation s'effectue principalement par l'entremise des deux formes : thermiques et photovoltaïques. L'énergie solaire thermique résulte techniquement de la récupération de la chaleur du rayonnement solaire au sein d'un fluide, le plus souvent de l'eau, par le biais de capteurs. C'est d'ailleurs, sous cette forme que cette énergie est principalement exploitée en Afrique, mais de manière primaire. La suspension du linge à l'extérieur y rend l'usage de la sécheuse électrique presque inutile. Le séchage de céréales, de viandes ou de poissons s'effectue par étalage au soleil sans la nécessité d'aucun artifice pour rendre cette conversion optimale. L'énergie solaire photovoltaïque découle par contre de la conversion directe de la lumière en électricité par le biais de cellules qui sont des semi-conducteurs. Cette conversion, appelée effet photovoltaïque, a été découverte par E. Becquerel en 1839. Cependant, il faudra attendre la crise énergétique des années soixante-dix pour que cette technologie, actuellement en plein essor, soit mise à profit. En effet, de nombreuses possibilités d'exploitation sont actuellement étudiées puis expérimentées dans l'espoir d'une future et plus profitable commercialisation.

Ces technologies de conversion présentant tous les avantages des énergies renouvelables possèdent une haute fiabilité et une facilité exceptionnelle d'adaptation. Aisément maîtrisables et adaptables à différentes situations, leurs coûts de fonctionnement et d'entretien sont très faibles. Sur le plan écologique, elles possèdent d'excellents atouts,

---

81. www.irena.org (Consulté le 6 mai 2015).
IRENA, *L'Afrique et les énergies renouvelables : la voie vers la croissance durable.*

car non polluantes. De plus, elles ne nécessitent ni combustible, ni transport, ni personnel hautement spécialisé.
Le développement de l'énergie solaire devrait faciliter la
réduction de la facture excessive résultant de la consommation du pétrole. D'autre part, il participerait à la préservation des forêts africaines, sources majeures de notre
consommation d'énergie.

Au Sahel, l'agressivité du soleil constitue un fardeau
et favorise l'avancée du Sahara. Une maîtrise de l'énergie solaire pourrait la transformer en richesse lumineuse.
Une utilisation assez intéressante pour les pays côtiers
serait la production d'eau douce à partir de l'eau de mer
par distillation solaire. Pour toutes ces raisons, les politi-
ciens africains ont tous déjà utilisé la conquête des énergies renouvelables, plus particulièrement du solaire comme cheval de bataille. La situation est cependant restée
inchangée. En effet, les prévisions de baisse des prix des
modules photovoltaïques ont été trop optimistes. Cependant, l'industrie photovoltaïque se trouve plutôt dans une
situation assez difficile. La complexité des procédés de fabrication des modules photovoltaïques et les rendements
de production trop faibles entraînent des coûts élevés qui
freinent le volume des ventes. Il est cependant possible
d'espérer qu'une simplification technologique des procédés impliquerait de meilleurs rendements de production.

Fort des échecs des politiques énergétiques d'une grande partie des pays africains et de la montée faramineuse
des prix du pétrole, les gouvernements africains commen-
cent à développer une approche plus réaliste. En effet,
avec l'aide de la coopération internationale, ils utilisent
l'énergie solaire pour alimenter des zones éloignées et non
électrifiées. Ils ont développé des programmes qui s'arti-
culent autour des différentes catégories d'énergies renouvelables.

Ces programmes[82] consistent d'abord à mettre en place un cadre institutionnel permettant de développer les

---

82. Banque mondiale, « Le développement du solaire passe par la définition précise d'un
cadre stratégique », décembre 2013

énergies renouvelables avec des avantages fiscaux et ont pour objectif d'installer des usines d'assemblage et de production de panneaux photovoltaïques afin d'atteindre rapidement un certain niveau d'électrification rural. Il faut noter qu'aucun pays en Afrique n'est producteur de modules. Actuellement, 90% de la production totale de modules se fait au Japon, aux États-Unis d'Amérique et en Europe. Le solde, alloué aux pays en voie de développement est principalement fourni par le Brésil, l'Inde et la Chine.

Ensuite, ces programmes s'attèleront à la maîtrise de la technologie de développement de ces énergies afin d'en faire un levier de lutte contre la pauvreté. Leur principal but est de réaliser l'éradication de l'extrême pauvreté. Dans leurs conceptions, ces programmes sont souvent clairvoyants, mais trop ambitieux par rapport aux moyens disponibles. La principale difficulté, très souvent notée par leurs concepteurs, réside dans le manque de personnel et de dispositifs d'entretien. Pour assurer sa réussite, les programmes devraient être accompagnés par une vulgarisation des technologies renouvelables plus particulièrement du solaire à travers tous nos systèmes d'éducation. Au niveau de l'enseignement général, la vulgarisation pourrait débuter au moins dans les deux dernières années du premier cycle du secondaire pour se poursuivre graduellement tout au long des classes de secondes, premières et terminales. Le dosage des cours devrait nécessairement dépendre des séries considérées. Dans tous les cas, il faudrait rompre la barrière que constitue le cantonnement de l'enseignement sous ses deux formes générale et technique. La formation générale devrait consister en une vulgarisation de la connaissance qui se passerait de la pratique et des travaux dirigés, mais pourrait mieux se compléter par des diffusions de matériels de vidéo. Par contre, la formation technique aurait besoin nécessairement d'un support pratique par le biais de laboratoires. Par contre l'information générale pourrait être traitée globalement à travers des matières comme l'environnement ou de manières éparses en chapitres dans des matières comme la physique ou la chimie. Ces aspects techniques peuvent être laissés à la discrétion de nos experts en éducation. Dans tous les cas, même sous dosage homéopathique, la vulgarisation vaut mieux que rien. En effet, c'est un énorme gâchis qu'une portion aussi importante de notre population ne soit pas formée à ces technologies qui devraient constituer notre salut.

La démarche proposée ne possède rien d'exceptionnel. Elle utilise seulement la mise en valeur du savoir pour atteindre le savoir-faire plutôt que le chemin direct, mais laborieux, emprunté par nos politiques actuelles. C'est à travers cette vulgarisation que nous pourrons semer la graine qui devrait germer pour adapter cette technologie à nos conditions. Elle nous permettrait d'atteindre un large bassin de populations qui serait une base pour la quantité de techniciens dont auraient besoin les États d'Afrique pour réaliser l'objectif de couverture de toute l'étendue de leur territoire. Cette démarche devrait également être accompagnée par l'instauration d'institutions de formation technique dans chaque région pour mieux répondre aux besoins de la localité concernée. En y orientant prioritairement les écoliers ressortissants, ceci réduirait partiellement le degré de centralisation de l'éducation dans les grandes capitales.

Au niveau universitaire, il faudrait intensifier les programmes de formation existants et fournir un peu plus de moyens à la recherche. La réussite de ce projet est assurée et devrait permettre la confection d'outils didactiques qui aurait un grand marché de pays africains à conquérir. Notons l'insuffisance notoire de bibliographies sur l'énergie solaire dans nos librairies. L'introduction du sujet dans les programmes devrait corriger cette défaillance. La réussite du programme global réduirait considérablement la facture énergétique des États et nous permettrait d'atteindre l'autosuffisance électrique. Ainsi, nos compagnies d'électricité pourraient répondre aux besoins énergétiques et mettre fin aux techniques de délestage souvent constatées dans beaucoup de pays d'Afrique. Cela devrait, à coup sûr, avoir une incidence considérable sur notre gestion de l'eau et notre agriculture. En conséquence, pour chaque pays, l'urgence devrait au moins porter sur l'étude de faisabilité et de mise en place de cette orientation éducative. Imaginons le nombre de personnes qui auraient été formées si cette démarche avait été entreprise dix ou vingt ans plus tôt.

Cette approche concernant l'énergie solaire devrait être généralisée aux autres formes d'énergies renouvelables pour combler la lacune énergétique.

3. Rôle et place des sociétés

Dans le processus fédératif actuel, aucune préparation n'est entreprise dans le sens d'une plus importante implication des populations. En effet, le projet des « États-Unis d'Afrique », principalement politique, ne réserve malheureusement aucune place aux sociétés africaines. Tout semble insinuer que les politiques risquent de se retrouver plus tard dans le but de statuer sur la décision de proclamer le passage à l'État fédéral. D'ailleurs, la forme et la mission de la Fédération ne sont pas clairement établies. Les informations à propos de cette future Fédération ne sont pas suffisamment claires au niveau du site Agenda 2063 de l'UA. Cette brèche engendrée par l'absence de préparation risque d'être le prétexte pour une nouvelle procrastination du passage à l'étape ultime de Fédération. Elle va être exploitée par les récalcitrants et les gradualistes pour différer, encore une fois, la mise en place de l'État fédéral. Les arguments qui ont justifié le renvoi de la mise en place de l'État fédéral en 2007 au sommet d'Accra demeurent encore valables[83]. En effet, une forte majorité de chefs d'État avait jugé le projet comme étant un rêve noble, mais irréaliste et opté pour une démarche progressive. Le projet avait été présenté avec précipitation, sans un agenda clairement défini et sans une

---

83. Sidibé Amadou, « Ombres et Lumières sur les États-Unis d'Afrique », Pambzuka, no. 26, 2007.

implication des populations africaines. L'objectif du forum international de juillet 2009 sur le thème des États-Unis d'Afrique organisé au Sénégal sous l'égide du président Wade semblait essayer de colmater cette brèche en faisant entendre les voix des intellectuels de l'Afrique et de toute sa Diaspora. Les sociétés africaines devraient jouer un rôle primordial dans ce processus. La consultation au préalable par chaque pays de sa population afin d'acquérir un mandat clairement défini serait souhaitable. Les seuls pays possédant ce mandat sont le Sénégal et le Mali. Leurs assemblées se sont prononcées favorablement à la Fédération et sont prêtes à céder une certaine forme de souveraineté à la super structure. D'ailleurs, après la proclamation de la Fédération, les populations devraient être consultées pour fournir leurs représentants au niveau du législatif et de l'exécutif. L'objectif de la Fédération de l'Afrique serait de sceller les déchirures sociales issues de la décolonisation. Certains groupes ethniques se trouvant écartelés entre plusieurs pays devraient jouer le rôle de jonctions culturelles. Les Berbères se situant dans plusieurs pays de la région du Nord ne seront plus restreints par les territoires nationaux. La culture berbère s'exprimerait tout le long du Sahara parallèlement à la culture nomade touarègue jonchant le Sud saharien. Du centre, la culture bantoue pourrait partir à la conquête de l'Afrique australe et sans aucune restriction territoriale. Les groupes de pygmées, voulant perpétuer leur tradition, retrouveraient leur forêt sans limites frontalières. L'Afrique doit tenir compte de toutes ces formes de liens afin de se trouver dans une symbiose avec la pensée de Diop : « Nous aspirons tous au triomphe de la notion d'espèce humaine dans les esprits et dans les consciences de telle sorte que l'histoire particulière de telle ou telle race s'efface devant celle de l'homme tout court »[84]. L'Afrique doit dépasser ses différences ethniques pour mieux affirmer et mettre en relief ses similitudes identitaires. Cette bataille de prise

---

84. Diop C. Anta, *Antériorité des civilisations nègres, mythes ou vérités historiques*, Paris, Présences Africaines, éd. 2, 1993.

conscience et d'appartenance doit être menée à tous les niveaux des couches sociales. En conséquence, les sociétés africaines possèdent un rôle primordial dans l'élaboration de la fédération et ont tout à gagner dans la réussite de ce projet. Cependant, certaines autorités politiques ver‐raient dans l'unification une diminution ou une perte de pouvoir personnel et ne seraient pas prêtes à accepter une quelconque autorité supranationale. En conséquence, ils feraient tout leur possible pour empêcher la création des États‐Unis d'Afrique à la seule fin de préserver leurs intérêts bassement personnels.

11

FÉDÉRATION ET OMD

L'objectif du millénaire pour le développement de l'Afrique est son propre projet de fédération.

La fédération de ses États aurait été la meilleure stratégie de l'Afrique en vue d'une réalisation des Objectifs du millénaire pour le développement (OMD). Unanimement adoptés en 2000 par les États membres de l'ONU, ces objectifs[85] induisent une approche noble et constituent, sans aucun doute, des préalables à l'accession au développement économique. Cependant, sans une amélioration de sa structure organisationnelle, l'échéance arrêtée de 2015 avait trivialement été illusoire pour l'Afrique. En effet, ces objectifs ont risqué d'être classés au domaine des vœux pieux dès leurs élaborations compte tenu des effets de crises et de situations difficiles dans lesquelles ont baigné les économies africaines majoritairement considérées parmi les pays moins avancés (PMA).

Les huit Objectifs du millénaire pour le développement[86] (OMD) constituent une réelle mesure d'évaluation et de validation d'une approche fédérative au niveau de l'Afrique. En considérant successivement ces Objectifs, nous montrons clairement que la Fédération aurait constitué pour l'Afrique la seule et vraie réponse à cette quête qui

---

85. www.un.org/fr/millenniumgoals
86. *Ibid.*

a presque fini de charpenter, dans son cas, la voie d'une faillite assurée.

1. Réduction de l'extrême pauvreté

Avec la Fédération, des opportunités de réduction de la pauvreté se seraient offertes pour chacun des pays membres par le partage des ressources entraînant leurs optimisations et le développement de stratégies pertinentes. Avec ce nouveau départ coopératif, une renaissance de l'espoir se ferait sentir à travers tout le continent. En érigeant le juridique comme terrain de règlements des conflits, la Fédération réduirait considérablement leurs propagations dévastatrices. Ceci aurait eu une incidence positive sur la réduction de l'extrême pauvreté dont les conflits sont les principaux catalyseurs.

L'unification et l'uniformisation du marché susciteraient la création d'emploi pour les différentes couches de la société tout en impulsant, sur le plan économique, une plus importante création de richesses au plan national et individuel. Dans le cadre de la Fédération, l'Afrique aurait réalisé son intégration financière et, en conséquence, érigé une bourse africaine par la fusion des différentes maisons boursières. Cette forme d'intégration financière aurait favorisé l'économie dans sa globalité. Un renforcement des transferts entre les systèmes financiers et les marchés de capitaux régionaux ainsi qu'une plus grande intégration du marché local auraient progressivement découlé de cet environnement (Rousseau et Sylla 2001). L'Afrique aurait constitué un grand marché économique et une réelle attraction des investissements aussi bien internes qu'externes. Ainsi, elle aurait revendiqué et obtenu un contrôle sur les hausses spéculatives des prix des produits de base. Ses exportations globales seraient mieux organisées avec une plus forte coopération entre les différents acteurs africains.

La stratégie de fédération aurait eu un effet positif sur les différentes cibles annoncées dans les OMD pour atteindre l'objectif de réduction de l'extrême pauvreté. L'Afrique aurait eu, dans un délai raisonnable, une ambition plus forte que celle de réduire l'extrême pauvreté. Bénéficiant de financements externes, les programmes de lutte contre la pauvreté seraient mieux négociés, planifiés et exécutés, car leurs terrains d'intervention ne seraient plus limités par les frontières.

Comme nous l'avons noté dans le chapitre 8, un fonds africain de décollage économique (FADE) serait mis en place pour les cinq premières années de transition. Ce fonds ajouté aux gains résultants des différents jeux économiques aurait suffisamment assuré le financement des différents programmes de lutte contre la pauvreté. La Fédération aurait ainsi fait renaître une étincelle d'espoir tout en insufflant une nouvelle ère, celle de l'Afrique du troisième millénaire et de son émergence tant convoitée. Ainsi, les pays africains classés PMA devraient comme par magie se fondre dans le nouvel État pour occuper une position plus envieuse. La pauvreté extrême serait obligée de déménager vers d'autres cieux avec la fin de son bail annoncée dès la mise en place de l'État fédéral.

2. Éducation

Une portion du fonds de décollage économique (FADE) pourrait être utilisée pour financer une éducation plus adaptée aux besoins du continent. La mise en place d'instituts et d'écoles internationaux plus appropriés aurait accompagné le projet d'unité africaine. En effet, malgré les efforts entrepris en Afrique subsaharienne, le très bas taux de scolarisation infantile atteint des niveaux déplorables[87]. D'autre part, parmi les rares rescapés qui arrivent au niveau universitaire, une grande partie est sacrifiée à cause des conditions déplorables et des grèves répétitives. Avec le système des cartouches, on transforme une portion importante de ces rares rescapés de la connaissance

---

87. UNESCO, "Enrolment by level of education", Institute for Statistics, Statistical Yearbook, 2010.

en chômeurs. Sous sa forme actuelle, l'université africaine leur retire toutes velléités de recherche d'une carrière ambitieuse. La plupart des universités africaines ont quintuplé leurs capacités d'accueil. Cependant, elles continuent souvent à accepter des inscriptions jusqu'au mois d'avril. L'Afrique a, sans doute, besoin d'une réorganisation profonde et structurelle de son système éducatif aussi bien secondaire qu'universitaire. Elle est également un continent où le décrochage se situe à des niveaux considérables, car les enfants sont souvent enlevés des écoles au profit d'apprentissage de métiers. Ce comportement est très fréquent dans les campagnes où les enfants peuvent être retirés de l'école dès le début de l'hivernage. Il serait souhaitable d'introduire dans la formation une initiation à l'apprentissage d'un métier au choix de l'apprenant. En conséquence, ces écoles seraient plus adaptées à leurs milieux. Dans ce contexte, les escapades hivernales des enfants en campagne seraient considérées comme des stages de mise en pratique des connaissances acquises. Le rôle principal de l'école est de s'adapter et servir son milieu pour mieux inculquer la connaissance à ses apprenants.

L'Afrique devrait utiliser les nouvelles technologies de l'information et de la communication pour combler son gap statistique en éducation. Des programmes tels que celui de réduction de la fracture numérique devraient être sollicités pour accompagner la Fédération dans cette mission et ainsi contribuer à la réduction du gap numérique de l'Afrique. En effet, les nouvelles technologies de l'information et de la communication constituent une occasion de combler le fossé technologique entre pays pauvres et pays riches. L'accès à l'Internet devrait rendre plus accessibles les programmes liés à l'éducation des enfants et à la santé publique. Ces orientations pourraient même précéder la mise sur pied de la Fédération afin de faciliter sa future implantation dans ce domaine éducatif. Comme souligné dans le chapitre précédent, l'enseignement de certaines langues africaines devrait être introduit dans le système éducatif. Les écoles parallèles, en langue arabe dans certains pays, devraient également être mieux organisées afin de focaliser les formations sur les apprenants.

3. Parité

Notons que la parité s'est considérablement améliorée en Afrique. Des signes patents sont perceptibles un peu partout. Une femme, Diamini-Zuma, dirigeant la Commission de l'Union Africaine (UA) depuis le 16 juillet 2012 vient de finir son mandat. Pendant ce temps au Sénégal, l'Assemblée nationale a adopté la parité totale dans le cadre de la représentation parlementaire. D'ailleurs, une femme en la personne d'Aminata Touré a mené la politique gouvernementale du Sénégal de 2013 à 2014 en tant que Première ministre. Depuis 2003, elle est la deuxième femme nommée à cette position. Dans la tumultueuse République centrafricaine, Mme Samba-Panza avait été chargée depuis le 23 janvier 2014 de la lourde tâche de rétablissement de l'ordre et de stabilisation dans cette atmosphère conflictuelle et chaotique qui constitue un véritable casse-tête pour les Nations Unies. Des élections démocratiquement organisées ont permis le transfert en douceur du pouvoir au nouveau président Faustin-Archange Touadéra. Certes trompeurs, sur le plan général et statistique, ces signes représentent des symboles possédant un impact considérable dans la conscience populaire. Ils reflètent la réduction de la disparité entre les genres qui s'est améliorée un peu partout dans le monde. Cependant, ce gap sexiste n'est pas encore complètement comblé même si la précédente cible mondiale pour l'année 2005 est largement réalisée. Pour l'Afrique, ces statistiques mondiales cachent la réalité, car les disparités entre genres s'y trouvent plus accentuées que partout ailleurs. Elles trouvent leur principale cause dans la disparité des niveaux moyens d'éducation entre les deux genres. D'ailleurs, influant sur la formation dans sa globalité, l'éducation alimente et justifie cette lacune paritaire. L'éradication des disparités entre genres passerait inéluctablement par plus d'éducation et moins de décrochage au sein de la population féminine. En effet, c'est plus particulièrement en Afrique subsaharienne que les filles sont les plus défavorisées relativement à l'éducation. Dans les zones rurales et pauvres, la différentiation négative et sexiste est plus forte à cause des croyances culturelles. En effet, les filles y sont souvent retirées de l'école pour être données en mariage de manière précoce et souvent contre leurs grés. Il faudrait développer entre l'école et le milieu une concertation sociale afin d'éviter, sans heurt, ces pratiques. Les classes de niveaux CM (Cours moyen élémentaire) correspondant souvent aux tranches d'âges des victimes devraient être ciblées. Dans les pays en voie de développement, les filles représentent environ 48 % de l'ensemble des personnes scolarisées. Ce taux doit être bien en dessous pour ce qui est de l'Afrique. En effet, dans la plupart des secteurs de l'éducation des pays africains, la parité est loin d'être atteinte, mais pourrait être considérablement améliorée par des programmes adaptés dans le cadre de la Fédération. Les rôles de pionnières de femmes modèles dans l'histoire de l'Afrique devraient être mis en exergue afin de démasquer judicieusement les faux tabous instaurés dans certaines sociétés.

4. Réduction de la mortalité infantile

La mortalité infantile est une statistique indiquant, sur 1000 naissances effectives, le nombre d'enfants décédés avant l'âge d'un an. Cependant, elle ne tient pas en compte les enfants décédés avant ou durant la période de délivrance. Elle sert essentiellement à évaluer la qualité des soins obstétriques et pédiatriques d'une population. D'après une étude de l'OMS[88] menée durant la période de 2000 à 2003, cette proportion est estimée à 37 % du nombre total d'enfants décédés en dessous de 5 ans.

Entre 1990 et 2012, la mortalité infantile a favorable-

---

88. OMS, « Repenser les soins aux enfants : l'optique de la survie, de la croissance et du développement », Rapport de l'OMS (Organisation mondiale de la santé), 2005, p.118.

ment chuté de 90 ‰ à 48 ‰ dans le monde. Ceci indique une nette amélioration capable de susciter de l'espoir. Pour la première fois en 2012, le nombre de décès chez les enfants de moins de 5 ans est passé sous la barre symbolique des 5 millions[89]. Avec ces résultats, l'objectif du millénaire pour le développement consistant à atteindre au moins le plancher de 31 ‰ ne semblait cependant pas être très prometteur. D'autre part, ces moyennes statistiques cachent le fait que la mortalité infantile reste encore très élevée dans les pays en développement. En effet, un enfant né dans un pays en développement court treize fois plus de risques de mourir dans ses 5 premières années de vie que dans un pays industrialisé. Ceci est plus accentué en Afrique qui détient la plus forte mortalité infantile dans le monde. L'union de ses États y favoriserait la coordination et l'uniformisation des programmes de réduction de la mortalité infantile. Les causes principales de mortalité infantile étant des maladies comme la rougeole, le paludisme ou le tétanos, tous facilement curables avec les outils appropriés, alors un solide programme les réduirait considérablement. La mortalité infantile est également liée aux degrés de conscience des mères, aux conditions sanitaires lors des grossesses et des accouchements, mais aussi à la qualité des soins alloués aux nouveau-nés. En conséquence, la mortalité infantile est fortement en corrélation avec le niveau d'éducation des filles et avec la parité. Ainsi, les efforts consentis au niveau des objectifs de parité et d'éducation devraient induire une baisse substantielle de cette mortalité infantile. En 2005, dans les pays en développement, un pourcentage de 4.54 % de femmes risquait de mourir de complications liées à la gestation et à la naissance contre 0.014 % dans les pays développés. Ces moyennes statistiques peuvent cependant atteindre des valeurs extrêmes dans certains pays comme le Niger avec un taux de 14.3 %. Ceci implique un nombre considérable de bébés orphelins de mère avec en conséquence

---

89. *Levels and trends in child mortality* 2013, rapport du Groupe inter-agences des Nations unies pour l'estimation de la mortalité infantile (IGME), 2013.

plus de risques de mort prématurée. La stratégie fédérative favoriserait la mise en place de politiques éducatives et de programmes de vaccination permettant une amélioration globale de ces situations. La Fédération s'appuierait sur le concours et la voie assez bien tracée par l'UNICEF. Puis, elle devra bâtir une meilleure couverture médicale qui constitue le prochain objectif.

5. Meilleure couverture sanitaire

Souvent, avec une large proportion de leurs populations sans couverture médicale et avec de rares hôpitaux insuffisamment équipés, les politiques de santé des pays africains se trouvent généralement dans des positions déplorables. La Fédération aurait favorisé une meilleure couverture médicale résultant d'installations d'hôpitaux et de postes de santé mieux équipés. De meilleures infrastructures de transport favorisant une plus grande mobilité faciliteraient également les visites médicales. Actuellement, dans certains pays d'Afrique, les malades et leurs parents ont souvent à charge de pourvoir au minimum nécessaire lors de leurs visites hospitalières. Le matériel de premiers soins fait souvent défaut dans certains hôpitaux qui, en conséquence, deviennent des « mouroirs ». Le marché, dangereux et criminel, des médicaments de la rue s'est développé de manière florissante en se ravitaillant dans le marché noir des médicaments périmés ou détournés. D'autre part, la population a développé une plus grande confiance à l'endroit de la médecine traditionnelle. En conséquence, l'Afrique devrait également s'atteler à mieux l'organiser. En effet, à cause de la pléthore de charlatans, la médecine traditionnelle a tendance à jouer un rôle néfaste. Les faiseurs de miracles sont souvent les premiers à être consultés même pour des maladies facilement guérissables par la médecine moderne. En conséquence, ils disposent de tout le temps nécessaire pour commettre l'irréparable. Dans certaines situations, ils vont jusqu'à interdire à leurs patients un quelconque recours à un médecin moderne. Pourtant, en dernier recours, ces patients finissent souvent par se trouver dans un lit d'hô-pital. Ainsi augmentent les statistiques de mortalité dans les hôpitaux et, du même coup, se réduit le crédit de la médecine moderne. Une meilleure organisation avec une certaine dose d'éducation des guérisseurs aurait amélioré considérablement la coexistence des deux médecines. La médecine moderne bénéficierait des aspects positifs de la traditionnelle Africaine comme la phytothérapie. La Fé-dération devrait également inciter à la mise en place de mutuelles d'assurances maladies. Elle s'appuierait sur les organismes internationaux tels que l'OMS et l'ONU qui, à travers le Fonds des Nations Unies pour la population (FNUAP), soutiennent des programmes très consistants de santé communautaire.

6. HIV– Sida et autres maladies endémiques

Un programme de lutte contre des maladies comme le SIDA, élaboré en coopération avec des organismes inter-nationaux tels que l'OMS, réduirait raisonnablement la contamination journalière du SIDA. En 2015, environ 21 millions de personnes ont été nouvellement infectées. La disponibilité et l'accessibilité des traitements contre le VIH réduiraient considérablement la mortalité au sein de cette catégorie. Dans la mesure du possible, l'instauration d'un système de médicaments génériques de substitution devrait être privilégiée. Des programmes de prévention et de sensibilisation contre l'expansion du SIDA réduiraient sensiblement la croissance de la maladie. À titre indicatif, le tableau 11.1 fournit les chiffres sur les orphelins créés par cette maladie dans trois pays d'Afrique de l'Est. La dé-marche entreprise reste valable pour les maladies comme le paludisme qui tue plus d'un million de personnes par an. Une saine coopération avec l'industrie pharmaceutique rendrait plus accessibles les principaux médicaments.

Tableau 11.1 : Estimation des orphelins du VIH/SIDA
dans 3 pays de l'Afrique de l'Est en 2015 [90]

Pays	Total cumulatif
Kenya	660 000 (540 000 – 810 000)
Ouganda	660 000 (550 000 – 790 000)
Tanzanie	790 000 (700 000 – 880 000)

Une meilleure couverture médicale au niveau de tout
le territoire aurait une incidence positive sur les trois objectifs de l'OMD qui sont respectivement la réduction de
la mortalité infantile, la diminution des risques liés à la
maternité et le combat contre les maladies endémiques.

7. Bonne politique environnementale

En Afrique, les assauts dévastateurs subis par l'environnement sont d'origine interne et externe. Dans les deux
cas, nous pouvons saisir comment la Fédération africaine
pourrait atténuer ou même éliminer leurs impacts.

Sur le plan interne, la politique de la Fédération devrait viser à assurer un environnement durable consistant à acquérir un meilleur contrôle sur ses ressources
naturelles. Cette agression est surtout observée au niveau de l'exploitation minière. En effet, ces exploitations
sont généralement effectuées de manière sauvage par des
compagnies étrangères et au bénéfice d'une minorité
nationale. D'ailleurs, certains pays comme la République
Démocratique du Congo possédant un des sous-sols les
plus riches de la planète font partie des plus pauvres. Ces
multinationales tiennent en otage les pays dans lesquels
ils interviennent à cause de leurs contributions attendues
au niveau du budget. La Fédération induirait une coopération entre les pays producteurs pour dégager des stratégies beaucoup plus avantageuses. La menace de possibi-

---

90. ONUSIDA, *Rapport sur l'épidémie mondiale de VIH/SIDA,* Genève, 2015.
www.unaids.org.fr

lités d'acquisition d'autres formes d'investissement pourrait rendre le chantage des multinationales caduques.

En interne, les atteintes les plus criardes contre l'environnement se trouvent au niveau de la gestion des ordures ménagères. Les dépôts d'ordures constituent de véritables bombes à retardement. Toute une population gravite autour pour la récupération. Il se crée des bidonvilles ou plus précisément des villages à ordures avec l'utilisation de matériels recyclés. Un véritable problème de santé publique est posé avec l'existence de tels sites sur lesquels s'improvisent des marchés de restauration et de boisson. Au Sénégal le café Touba a déjà conquis le site de Mbeubeuss. La récupération devrait s'effectuer en amont pour éviter de telles situations. De tels sites devraient eux-mêmes être récupérés et transformés en puits de production de gaz tel que le méthane. La surface totale est d'abord recouverte par une membrane imperméable sur laquelle une mince couche de sable favorise la pousse de gazon. Un réseau de tuyaux judicieusement enfoui au préalable permet de recueillir continuellement le gaz. Une métamorphose totale d'un environnement de désastre à celui de verdure s'opère. Un tel projet nécessitant un financement substantiel existe en Afrique du Sud. La Fédération pourrait avec l'aide de cette expertise le répliquer successivement dans certaines villes africaines. Dans le même temps, elle devrait les conseiller et encourager à la mise en place de réelles structures et procédures de gestion des ordures ménagères.

Il faudrait favoriser à long terme le développement des énergies renouvelables, dont le solaire, pour permettre une plus importante couverture électrique. Ceci aiderait en même temps à acquérir une meilleure gestion de l'eau et permettrait de mieux corriger le fait que des portions assez importantes de la population ne sont pas approvisionnées en eaux potables. En conséquence, ces populations sont privées des services d'assainissement de base. La correction de cette situation devrait passer par une meilleure politique de l'habitation avec l'élimination des bidonvilles.

En ce qui concerne les détériorations environnementales d'origine externe, l'Afrique devrait se protéger en évitant de servir de dépotoir. En effet, il arrive très souvent que de vieux ordinateurs déjà amortis y soient acheminés. Certains n'auront jamais fonctionné en Afrique et sont dépecés pour la récupération de pièces et matériels. Les restes entassés comme ordures ou brûlés avec des risques d'émanation de produits toxiques. Les rares ordinateurs à avoir survécu en terre africaine vont rejoindre au bout d'un à deux ans à leur tour les cimetières électroniques. L'Afrique doit refuser d'être un dépotoir électronique des ordinateurs qui ont vaillamment servi dans le Nord. L'entrée de telles importations ou dons dans notre chère patrie doit être prohibée. Cette observation pourrait être généralisée à d'autres produits tels que l'importation de voitures usagées. Une uniformisation de la réglementation impulsée par la Fédération serait nécessaire pour parer à de tels assauts. Elle devrait également permettre à l'Afrique de refuser que ces terres servent d'enfouissement de déchets hautement toxiques.

Les principaux défis environnementaux de l'Afrique, la désertification et l'érosion côtière, ne peuvent pas être considérés localement. La Fédération est donc la stratégie la plus indiquée pour s'attaquer à ces questions dans leur globalité. D'ailleurs, c'est pour toutes ces raisons que les chefs d'État des membres de l'union comprirent la nécessité d'une intervention groupée et ont approuvé la création dès 1985 de la Conférence des ministres africains de l'Environnement (CMAE). La Fédération aurait tout intérêt à tenir compte des projets déjà initiés par l'organisation de la CMAE pour assurer une continuité dans son intervention.

8. Bon partenariat pour le développement

Avec le fond africain de décollage économique (FADE) proposé au chapitre 8, l'aide publique au développement devrait au moins s'accroître pour chaque pays durant les cinq premières années de la Fédération. Avec les montants générés par la Fédération, les 18 milliards de dollars supplémentaires souhaités pour l'ensemble des pays développés pour atteindre l'objectif du doublement de l'aide seraient dérisoires. La Fédération faciliterait la négociation et l'obtention d'un allégement de la dette de ses membres. Avec l'apport de fonds en provenance des stratégies internes de rationalisation de son intervention économique, les États d'Afrique devraient consacrer plus de ressources à la lutte contre la pauvreté. L'objectif de l'Afrique serait de se défaire progressivement de la dépendance à l'aide publique au développement. Pour l'Afrique, le seuil minimal de 0.7 % du PIB décidé par les membres de l'OCDE ne serait plus une référence et devrait être revu à la baisse. En Afrique, l'incitation d'augmentation financière n'aurait plus une cause principalement exogène, mais interne. D'ailleurs, l'aide au développement des pays sous-développés est largement en dessous du seuil plancher préconisé par l'OCDE. Cette orientation pourrait inciter les pays donateurs à procurer une plus grande contribution au fonds initial afin de contribuer à l'émergence de l'Afrique et de la libérer d'un fardeau. Elle favoriserait également la mise en place d'un marché en expansion au bénéfice de tous les partenaires du commerce international. Avec une telle santé économique, l'Afrique serait apte à développer un système commercial et financier plus ouvert et plus respectueux du droit international.

9. Conclusion

À travers ce chapitre, nous avons vu l'impact de la Fédération comme facilitatrice de réalisation des objectifs du millénaire pour le développement de l'Afrique. À tout point de vue, la Fédération aurait été un catalyseur et d'ailleurs elle constitue la seule issue pour atteindre ces objectifs. Pour cette raison, cette stratégie fédérative devrait être fortement encouragée par rapport aux nouveaux objectifs de développement durable (ODD) adoptés par les Nations

Unies pour la période de 2015-2030[91].

Sur le plan politique, la Fédération ouvrirait à l'Afrique les portes de certaines institutions tout en lui conférant plus de voix au chapitre sur le plan international. Le G8 n'aurait plus besoin de chercher à combler ce vide de représentation par des invitations arbitraires de présidents africains comme observateurs. Au niveau de l'ONU, l'Afrique devrait normalement intégrer le cercle restreint du Conseil de sécurité. Elle pourrait négocier et modifier les politiques la concernant. L'Union des États d'Afrique aurait eu pour conséquence une optimisation des coûts administratifs et des opérations d'intervention. Cette reconnaissance politique aurait également un effet considérable sur l'objectif de recherche d'un meilleur partenariat pour le développement. Sur le plan financier et monétaire, l'Afrique aurait attiré un plus grand flux sur les marchés de capitaux et induirait un niveau d'investissement assez substantiel aussi bien interne qu'externe. Ceci se traduirait par une meilleure santé économique. La mise en place de la monnaie unique dans le cadre fédératif réduirait les coûts de gestion des transactions et inciterait à un plus grand volume d'échanges interafricains. Ainsi, l'Afrique serait devenue une importante zone économique à courtiser et à conquérir tout en jouissant d'un comportement plus favorable au niveau des paramètres tels que la croissance économique, l'indice de développement humain (IDH) et l'indice de développement de la pauvreté (IDP).

---

91. Objectifs de développement durable, UNDP
www.undp.org/content/undp/fr/home/... /mdg_goals.html

12

L'ÉTAT VIRTUEL D'AFRIQUE (EVA)

« *Quand l'esprit va chercher du bois mort, il ramène toujours le plus gros des fagots.* »

Birago Diop[92]

Mot du Président d'honneur
Son excellence Nelson Mandela[93]
Discours d'investiture

« *Notre peur la plus profonde n'est pas que nous ne sommes pas à la hauteur.*

Notre peur fondamentale est notre entière inconscience de notre puissance sans limites.

C'est notre propre lumière, plutôt que les ténèbres des profondeurs, qui nous fait le plus peur. »[94]

92. Diop Birago, *Les Nouveaux Contes d'Amadou Koumba*, Paris/Dakar, Présence Africaine, 1961.
93. www.africapresse.com/... /01/nelson-mandela.jpg (consulté le 21 mai 2011).
94. Traduction d'extrait du discours d'investiture de Nelson Mandala à la présidence de l'Afrique du Sud en 1994.

Ce livre est la première étape d'un projet consistant à démontrer quantitativement, qualitativement, socialement et économiquement l'avantage pour chaque pays d'adhérer à la mise en place des États-Unis d'Afrique. De telles approches font souvent défaut par rapport à la pléthore d'arguments politiques et juridiques. Nous solliciterons une fois de plus une modélisation par la théorie des jeux pour procéder à une telle démonstration. L'avantage d'un tel recours est déjà perceptible dans les exemples de jeux précédemment exposés. Dans le cadre de ce livre, nous fournissons les bases d'une telle application. Compte tenu de l'immensité de la tâche, notre meilleure option est sa création dans un site Internet interactif. La démarche consisterait à concevoir un système complexe et artificiel décrivant la dynamique interactive de la Fédération africaine. Nous avons baptisé cet objet artificiel du nom symbolique d'ÉVA (État virtuel d'Afrique). Certes, nous n'avons aucun contrôle sur la création de l'État fédéral, mais aucune volonté externe ne peut nous empêcher de rêver, voire de créer un État virtuel. D'ailleurs, Diop[95] disait : « Quand l'esprit va chercher du bois mort, il ramène toujours le plus gros des fagots ». Notre plus gros fagot est l'État virtuel d'Afrique qui est un outil dont la finalité est de convaincre les états les plus réfractaires aux principes fédéraux. Dans ce sens, ÉVA contribuerait à donner naissance à l'État fédéral africain (ÉFA). Ainsi, le symbole de la première mère devrait permettre au berceau de l'humanité de retrouver toute son entité en tant qu'union. Dans ce chapitre, nous présentons l'organisation et le fonctionnement de cette structure virtuelle qui décrit le plus fidèlement possible le futur État. Elle s'appuierait sur la théorie des jeux, les théories socioéconomiques et démographiques, les données statistiques, l'économétrie, l'optimisation mathématique et les technologies de l'information et de la communication pour réussir sa mission. Sur demande, ÉVA fournirait la carte économique de cha-

---

95. Diop Birago, *Les Nouveaux Contes d'Amadou Koumba*, Paris/Dakar, Présence Africaine, 1961.

que pays et la projection de sa situation à court terme. Dans le contexte de la Fédération africaine, l'utilisateur pourrait solliciter une évaluation de la situation économique de chaque pays. Des projections d'indicateurs économiques ainsi que des comparaisons avec les précédentes situations pourront être faites. En tant que système complexe artificiel, ÉVA serait un outil de démonstration évaluant quantitativement l'apport du projet fédéral au sein de chaque pays africain. L'évaluation serait menée grâce à la considération pour chaque pays des différents jeux économiques qui le caractérisent. Elle pourrait également être effectuée dans le cadre de chaque région considérée comme un sous-système complexe de l'objet artificiel ÉVA.

1. Les différents sous-jeux

Les différents sous-jeux, pouvant être impliqués dépendamment du pays considéré, sont successivement présentés dans cette section. Selon les pays, certains jeux pourraient être tout bonnement ignorés ou fusionnés en un seul à cause de leurs faibles impacts.

1.1. Les produits agricoles

Pour chaque pays, nous déterminons à partir de sa carte économique le commerce des produits agricoles dans lesquels il a une incidence en tant que producteur, importateur ou investisseur. En d'autres termes, nous déterminons tous les sous-jeux associés aux produits agricoles du pays. Pour chacun de ces sous-jeux, nous dégageons les différentes stratégies optimales du pays et les équilibres du jeu. Ainsi pour chaque produit agricole, nous pourrons déduire quantitativement le gain résultant de son exploitation dans le cadre d'une fédération. Des comparaisons globales et partielles par produit pourraient également être effectuées. Cette approche consiste à étudier le commerce des produits agricoles d'un pays donné dans le cadre de la Fédération et de le comparer à sa situation actuelle. L'étude des produits du secteur agricole est très similaire à celui des produits miniers.

1.2. Les ressources minières

Le secteur minier, inorganisé et mal exploité est pourtant celui dans lequel les pays africains font bonne figure compte tenu de la richesse du sol continental. Pour s'en convaincre, il suffit de considérer la République Démocratique du Congo dont le sol regorge de richesses tout en faisant partie du club des pays les plus pauvres. La richesse de son sol est aujourd'hui la cause de sa pauvreté et de ses conflits internes. Avec la Fédération, ce secteur devrait être mieux organisé.

Pour chaque pays, nous considérons les exploitations minières qui ont le plus d'incidence sur son PIB. Ceci nous permet de déterminer tous les jeux associés aux ressources minières qui ont un impact relativement important sur l'économie du pays. Ensuite, nous étudions les différentes stratégies optimales du pays et les équilibres dans ce secteur. La possibilité de nouvelles stratégies pourrait apparaître avec la mise en place de la Fédération et apporter une plus grande pertinence pour les pays africains concernés par le secteur minier.

1.3. Le secteur industriel

En Afrique, ce secteur est intimement lié aux secteurs agricole et minier étudiés au niveau des jeux des produits agricoles et des ressources minières. Ce secteur constitue le maillon faible de la chaîne de la production africaine. En effet, il n'est pas très développé et peut être partitionné en deux types d'industries liées respectivement au secteur agricole et au secteur minier. En conséquence, son étude pourrait dans beaucoup de pays africains être incorporée dans ces deux catégories de jeux.

1.4. Les dépenses militaires

Comme nous l'avons noté, les dépenses militaires sont relativement très élevées en Afrique. Elle devrait continuer à croître avec la floraison d'une variété de conflits dans le continent. Avec la Fédération africaine, l'adage selon lequel « qui veut la paix prépare la guerre » devient désuet. En effet dans ce domaine, un tribunal fédéral devrait se charger de régler les conflits frontaliers. La force militaire ne devrait plus être sollicitée par les pays. La création des États-Unis d'Afrique permettrait ainsi de développer une stratégie de réduction considérable des dépenses militaires africaines. L'unification des forces militaires favoriserait la réduction de ces dépenses sans affecter la défense des souverainetés territoriales. La stratégie de cible du niveau moyen mondial suggère pour chaque pays une réduction du tiers de ses dépenses militaires et ainsi un gain économique versé dans les recettes supplémentaires du pays.

1.5. Les impôts et tarifications douanières

La Fédération faciliterait l'harmonisation des accords bilatéraux de commerce, des admissions temporaires et des régimes d'exemption tarifaire. Elle permettrait de mieux optimiser les actions sécuritaires et douanières en transcendant les frontières étatiques et en favorisant une certaine harmonisation. Elle faciliterait également un développement du commerce régional et une amélioration organisationnelle du marché africain aux normes moins contraignantes, car dominé par le secteur informel. Cependant, des obstacles imposés par les douanes, les politiques et certains groupes armés entravent considérablement les échanges entre certains pays africains tout en induisant des coûts et des retards inutiles. Cette situation installe une confusion totale au niveau des règles de tarifications douanières et complique toute tentative d'établissement de zones libres et d'unions douanières. Ainsi, l'uniformisation de la tarification éliminerait les obstacles au commerce interétatique et les distorsions des échanges dues aux différentes formes de taxations indirectes. Cette uniformisation devrait permettre une réduction des coûts associés aux surveillances frontalières. Comme dans le cas des dépenses militaires, il faudrait évaluer ces gains supplémentaires par pays et les verser dans l'actif des recettes nationales. Notons qu'au niveau des communautés économiques telles que la CAE, l'UEMOA et le SACU des percées dans le but d'une uniformisation très importante des règles et tarifications sont en train d'être accomplies.

1.6. Le transport terrestre et aérien

La Fédération faciliterait l'installation d'un réseau de transport plus viable sur le plan des structures et de la régulation. En effet, les réglementations liées aux transports sont souvent très contradictoires et doivent être uniformisées. Le seul fait de muter de continent en État permettrait des gains substantiels par l'utilisation de stratégies optimales. Dans le cadre du transport aérien, en partageant l'information et en développant des partenariats, les compagnies africaines pourraient occuper l'espace et augmenter leurs chiffres d'affaires. Tous ces avantages directs peuvent être évalués dans le but de faciliter l'instauration des politiques d'intégration économique.

1.7. Les opportunités d'investissement

Avec la Fédération africaine, des opportunités d'investissement devraient s'offrir à des pays comme l'Afrique du Sud. Il s'agit de pays avec d'assez bonnes capacités d'investissement qui peuvent intervenir dans les productions des pays voisins. Ces démarches devraient être encouragées et s'inscrire dans la mise en place d'une bourse africaine qui pourrait jouer un rôle d'influence et de régulation dans le marché mondial. Dépendamment du pays,

194

des gains subséquents devraient également être versés dans les recettes nationales.

1.8. La formation, éducation et énergie

Avec la Fédération, certains pays voisins pourraient partager des écoles de formations régionales. Il faudrait orienter ces écoles vers des formations portant sur les nouvelles technologies aussi bien sur le plan de la communication que sur le plan des énergies renouvelables. L'orientation éducative vers l'énergie solaire devrait être encouragée. Elle devrait également être progressivement conjuguée avec une orientation optionnelle. En effet, l'énergie solaire possède une haute fiabilité, une facilité exceptionnelle d'adaptation et est aisément maîtrisable. Sur le plan écologique, elle présente d'excellentes qualités, car ne nécessitant ni combustible, ni transport, ni personnel hautement spécialisé. Le développement de l'énergie solaire devrait faciliter la réduction de la facture excessive résultant de la consommation du pétrole et la préservation de nos forêts sources majeures de notre consommation d'énergie.

1.9. La représentation diplomatique

Comme nous l'avons noté dans l'exemple de la diplomatie au niveau du chapitre 3, la Fédération africaine permettrait une forte réduction des coûts associés à la diplomatie de chaque pays. En effet, la mise en place de l'État fédéral permettrait l'élimination des représentations au niveau de l'Afrique. Les ambassades africaines ne seraient plus nécessaires compte tenu du fait qu'elles se seraient trouvées dans un seul et même pays. En plus, pour les ambassades hors du continent, compte tenu du processus fédéral proposé, les pays africains pourraient partager certaines aires de représentation et réduire considérablement les coûts tout en améliorant la qualité. La représentation au sein de l'ONU devrait être négociée pour permettre un plus important rôle à l'Afrique. Les coûts associés à la diplomatie devraient être considérablement réduits et les gains supplémentaires versés partiellement dans le compte des recettes nationales.

1.10. Le secteur tertiaire

Avec la Fédération, il faudrait encourager une meilleure organisation du secteur tertiaire et plus particulièrement le secteur informel. En effet, le secteur informel occupe une partie importante dans les économies africaines tout en induisant certaines formes de distorsions organisationnelles. Le développement de ce secteur exceptionnel et marginal peut servir de nid pour la corruption. En conséquence, il faudrait par le biais de l'investissement le rendre le plus opérationnel.

1.11. L'intégration financière et monétaire

Dans le chapitre 8, nous avons présenté comment l'intégration financière et monétaire accompagnerait de manière optimale le projet d'unité. Elles se feraient pratiquement par la fusion des bourses et la mise place d'une monnaie africaine unique. Les bourses de chacune des cinq régions devraient fusionner pour donner une bourse fédérale logée dans la place financière la plus importante. Les autres bourses existantes seraient conservées et agiraient comme des satellites de transaction. Les cinq bourses régionales ainsi générées coopéreraient pour créer une seule bourse africaine prête à aller conquérir le monde. Il serait souhaitable que tout ce processus soit accompagné de la création d'une monnaie africaine. Dans l'état virtuel d'Afrique, nous avons baptisé cette monnaie Afrik et localisé la bourse fédérale à Johannesburg. Ce jeu coopératif des bourses y est considéré afin de dégager des stratégies optimales pour attirer un plus important flux financier. Dans le même temps, le jeu monétaire juxtaposé initie les politiques adéquates en vue d'un développement financier plus ou moins adapté à l'Afrique. Notons que, pour ces différents jeux, des projections permettraient de comparer les évolutions du pays dans la situation courante et dans le cadre de la Fédération.

2. La conception du site

Dans le but de concevoir le site Internet, nous déterminerons pour chaque pays les principaux jeux qui caractérisent son économie. Leurs vecteurs de paiement disponibles correspondent aux performances économiques courantes du pays considéré. Dans le cadre de la Fédération, il est possible d'étudier les différents jeux afin de déterminer leurs gains éventuels aussi bien courants qu'à court terme. Ensuite, des opportunités directes et indirectes pour chaque État pourraient s'en extraire. Ceci nous permettrait d'évaluer les gains de chaque État et le nouveau PIB en résultant au sein de la Fédération. Tous ces gains peuvent par la suite être exploités à des fins de projections. Ces jeux sont regroupés au niveau des trois secteurs définissant l'économie par rapport à la comptabilité nationale. Le secteur primaire qui regroupe les activités liées à l'exploitation brute des ressources naturelles et concerne l'agriculture, l'élevage et la pêche. Le secteur secondaire, quant à lui, concerne toutes les activités liées à la transformation des produits tirés du secteur primaire. Enfin, le secteur tertiaire englobe les services et toutes les activités non classées dans les précédents secteurs. La classification des différents jeux dans ces trois secteurs réduit le nombre de variables explicatives à trois. Leur influence sur le PIB dépend du niveau du pays dans le contexte de la Fédération. Nous avons décelé cinq niveaux hiérarchiques et successifs de développement.

Niveau 1 : Cette première étape marque le début de la mise en place de l'État fédéral. Elle impose dans chaque pays membre de la Fédération une réorganisation de la défense nationale et de la sécurité, de l'administration et de la diplomatie. Cette intervention a un impact direct sur la dimension non marchande du secteur secondaire par l'augmentation des recettes nationales de chaque pays membre.

Niveau 2 : Cette seconde étape vise une réorganisation du secteur primaire à travers une coopération des pays exportateurs d'un même produit. La Fédération devrait intervenir de manière groupée sur la production et la commercialisation de certains produits de base. De meilleures infrastructures faciliteraient ce commerce avec des effets indirects sur les économies des pays membres.

Niveau 3 : Cette troisième étape vise une réorganisation des secteurs primaire et secondaire. La Fédération améliorerait le secteur secondaire qui était encore à un niveau plus ou moins rudimentaire. Elle diligenterait l'investissement aussi bien interne qu'externe pour élever le niveau d'intervention de l'industrie africaine.

Niveau 4 : Cette quatrième étape se situe dans la perspective du degré d'organisation de la région considérée. L'intégration monétaire et fiscale au niveau d'une zone régionale devrait induire les conditions en vue d'acquisition de ce présent niveau pour ses pays membres. Ainsi un pays, se trouvant dans un état régional sans monnaie commune, ne pourrait pas atteindre ce niveau. Cette étape, comme la suivante, dépend intimement de l'existence de la monnaie unique dans la région considérée et du fait que les finances ne possèdent plus de limites frontalières dans la zone régionale.

Niveau 5 : Cette cinquième étape se situe dans la perspective du degré d'organisation fédérale. L'intégration monétaire et fiscale dans la Fédération favoriserait l'acquisition de ce présent niveau à certains pays membres. En conséquence, cette étape, à l'instar de la précédente, dépend intimement de l'existence de la monnaie unique dans l'État continental. Les finances ne devraient plus subir les limites des frontières entre les pays membres. L'Afrique devrait dans le même temps attirer les finances internationales pour permettre à ses membres les plus performants d'atteindre et de bénéficier pleinement de cet environnement.

Notons que les trois premiers niveaux dépendent entièrement de la performance économique du pays considéré, mais également de ses capacités d'adaptation et d'absorption des profits potentiels tirés du nouvel environnement. Par contre, les deux derniers niveaux dépendent de l'intégration monétaire et financière de la région et de la Fédération. Ces niveaux indiquent des étapes successives de progression d'un pays membre de la Fédération. La comparaison par rapport à ces niveaux hiérarchiques de pays membres ne peut être effectuée que dans le cadre de la même région. En effet si l'intégration monétaire n'est pas atteinte, alors les pays membres de cette zone régionale seraient au mieux positionnés dans le niveau 3. Un raffinement de cette hiérarchisation pourrait être mené pour rendre l'approche plus fidèle et plus performante. Ainsi, une comparaison pourrait convaincre certains États encore réfractaires à la création de l'État fédéral. En effet, les projections annuelles des États de la Fédération peuvent être comparées à leurs réels scores et leurs éventuels niveaux hors de la Fédération. Il faut cependant noter que les jeux ainsi que leurs gains respectifs dépendent considérablement du type de fédération. L'outil développé devrait nous permettre d'atteindre une plus forte adhésion tout en facilitant progressivement le ralliement des états les plus réticents.

3. Simulation informatique

Afin de faciliter leur étude et leur maîtrise, le comportement scientifique a généralement tendance à subdiviser certains systèmes en sous-systèmes étudiés séparément

par une seule discipline. Cette dernière ne prend pas nécessairement en compte des interactions intrinsèques entre
ces différents systèmes. En concevant ÉVA comme système complexe, cette faiblesse est corrigée par une approche
intégrée et pluridisciplinaire. Cette forme de complexité
propose une visite simultanée des comportements aussi
bien individuels que collectifs. Elle postule que la cohérence des régularités observées à un niveau global peut être
assurée par des comportements élémentaires du système.
Dans ce cadre, les méthodes de simulations multi-agents
offrent les possibilités d'une meilleure compréhension de
la dynamique du système. La forme de simulation adoptée est discrète et de type synchrone, car menée à la fin
de chaque année correspondant à la durée d'observation
et d'application des politiques économiques. Cette technique informatique facilite la création d'un monde virtuel
capable de dévoiler les secrets du système. La conception
de cette simulation nécessite la connaissance des agents
impliqués qui s'avèrent être des entités informatiques capables d'initiatives. La maîtrise de leurs comportements
est souvent déduite des théories et hypothèses existantes.
Dans ce modèle, les agents sont les États qui appartien-
nent chacun à un des niveaux hiérarchiques. Dans la première année de fédération, les pays membres devraient
être classés dans l'une des deux premières catégories. Ceci
devrait nous permettre de procéder à la simulation. Et
au fur et à mesure, certains agents passeraient progressivement à des niveaux supérieurs. Un raffinement plus
accentué des niveaux hiérarchiques peut être mené pour
une amélioration de la simulation multi-agents. En effet,
il augmenterait progressivement la fiabilité et l'acuité du
modèle. Ceci nous permettrait de créer un véritable labo-
ratoire d'observation du comportement évolutif de l'objet
artificiel ÉVA. Au sein de l'État virtuel d'Afrique (ÉVA), la
théorie des jeux serait utilisée pour déterminer les choix
stratégiques des États ainsi que l'évaluation quantitative
des gains en résultant. Les statistiques, les théories économiques et économétriques seront également sollicitées

en vue de prédiction et de projection. Les agents composant le système pourraient interagir par rapport à leurs comportements, agir directement sur leur environnement, communiquer entre eux, enregistrer de nouvelles informations, se déplacer dans certaines situations et prendre au besoin des décisions pertinentes. Nous solliciterons des logiciels existants pour simuler ces différentes interactions. Dans ce modèle, des paramètres pourraient servir de contrôle pour étudier certains aspects alternatifs. Par son observation virtuelle, cette simulation faciliterait une meilleure évaluation de l'évolution de la future Fédération. En effet, même dans un cadre futur et non virtuel, l'objet artificiel ÉVA pourrait être développé à des fins de simulation de certaines orientations de choix politiques voire économiques, afin de rendre optimales les décisions stratégiques de l'État continental.

4. La marche vers l'État fédéral

À travers les chapitres de cet ouvrage, nous avons clairement démontré la nécessité et l'urgence de la création des États-Unis d'Afrique. Son impact sur le plan politique, financier et économique n'est plus à démontrer. En effet, la Fédération est la seule garantie d'une issue prometteuse pour l'Afrique. Nous avons également appréhendé, à travers les différents jeux exposés, tout l'avantage pour les pays africains à s'allier par le biais de la création des États-Unis d'Afrique. Ces jeux concernent les dépenses militaires, la diplomatie, la douane et les différents aspects de l'activité économique aussi bien interne qu'externe. L'impact de notre démarche globale aurait cependant plus d'incidences dans les domaines du commerce international. Les importations et les exportations entre les pays africains devraient prioritairement être encouragées. En effet en tant que pays, la satisfaction de l'offre et de la demande internes devrait être l'une des principales priorités. Cette orientation réduirait les frais de transport et d'acquisition de devises étrangères. D'ailleurs, une monnaie commune devrait naître de cette coopération fédérative soutenue par une population de plus d'un milliard d'individus.

En ce qui concerne le transport aérien, en partageant l'information, les compagnies africaines occuperaient tout l'espace d'intervention et ainsi augmenteraient leurs chiffres d'affaires. Tous ces avantages directs et ces gains résultant de partages et d'optimisation des ressources disponibles peuvent être évalués dans le but de convaincre les plus réfractaires au projet de fédération. En effet, le seul fait de muter le continent en État peut permettre des gains substantiels par l'utilisation de stratégies optimales. Les pays africains ont donc tout à gagner dans le franchissement de ce pas.

Le schéma proposé repose principalement sur des principes de base fondés sur les consensus actuels entre les différents États et sur la situation actuelle qui prévaut dans l'Union africaine (UA). Nous avons exposé dans ce livre les différentes étapes pour concevoir un système complexe artificiel que nous avions baptisé ÉVA (État virtuel d'Afrique) qui décrit de la manière la plus fidèle possible l'ensemble des liens fédératifs des différents pays africains. Cet outil pourrait être développé à des fins de prédiction et de simulation de certaines orientations de choix politiques voire économiques. Il pourrait également être considéré comme un élément de persuasion donc de négociation. L'idée de l'État fédéral n'est pas nouvelle, elle date de plus de cinquante ans avec la naissance du panafricanisme. D'ailleurs, le savant Africain Diop C. Anta a déjà établi les fondements de base du futur État[96]. Si à l'époque, il y avait des réticences notoires alimentées par des inquiétudes quant à la maturité des États ou la possible multiplication des divisions fraîchement héritées de la colonisation, aujourd'hui nous n'avons plus la moindre raison de reculer l'échéance de la mise en place de cette Fédération. C'est d'ailleurs la seule issue pouvant assurer

---

96. Diop C. A. *Les fondements culturels techniques et industriels d'un futur État fédéral d'Afrique noire*, Présence africaine, 1960.

la renaissance de l'Afrique durant le début de ce millénaire.

Au sommet de l'UA tenu à Accra en 2007, les chefs d'États africains s'étaient donné rendez-vous en 2017 pour discuter à nouveau et se prononcer sur la faisabilité de la Fédération. Une évaluation des différents schémas d'organisations plus opérationnelles pour l'Afrique pouvant rendre optimales les conclusions de ce sommet est plus que nécessaire. Il ne suffirait pas de procéder à un décompte du nombre de pays favorables à l'union. L'Afrique devrait présenter un agenda à mettre progressivement en place avec des échéances clairement définies. Elle devrait provoquer une dynamique fédérative consistant à encourager la création d'États régionaux. L'étincelle devrait sans doute jaillir de l'Afrique de l'Ouest où le processus fédératif est assez avancé.

À coups de démonstration et de rationalisation, les cinq États régionaux devraient se mettre en place pour réunir l'ensemble des conditions nécessaires à la création de l'État continental. C'est dans cette logique de préparation et de prospective que se situe la présente approche amplement développée dans ce livre.

SIGLES ET ACRONYMES

ABCA : Association des Banques Centrales africaines

AProCA : Association de Producteurs du Coton africain.

ASEA : Association des Bourses Africaines (African Stock Exchange Association)

BAD : Banque africaine de Développement

BC : Banque Centrale

CDAA : Communauté de développement de l'Afrique australe

CEA : Commission économique pour l'Afrique

CEDEAO : Communauté économique des États de l'Afrique de l'Ouest

CEEAC : Communauté économique des États de l'Afrique Centrale

CEPGL : Communauté économique des pays des Grands Lacs

CEMAC : Communauté économique et monétaire de l'Afrique Centrale

CEN SAD : Communauté des États Sahélo-Sahariens

CNUCED : Conférence des Nations Unies sur le Commerce et le Développement

DSRP : Document de Stratégie pour la Réduction de la Pauvreté

ECOMOG : Regroupement de Forces militaires des Pays de la CEDEAO (Economic Community of cease-fire Monitoring Group)

ÉVA : État virtuel d'Afrique

FAD : Fonds africain de Développement

FADE : Fonds africain de Décollage économique

FARE : Fonds Africain de Réserves extérieures

FMI : Fonds Monétaire International

IDH : Indicateur de Développement humain

IPH : Indicateur de Pauvreté humaine
IMAO : Institut monétaire de l'Afrique de l'Ouest
NEPAD : Nouveau partenariat pour le développement de l'Afrique
NPFL : National Patriotic Front of Liberia
OMD : Objectif du Millénaire pour le Développement
OMS : Organisation mondiale de la santé
PIB : Produit intérieur brut
PNUAD : Plan-cadre des Nations Unies pour l'Aide au Développement
PNUD : Programme des Nations Unies pour le développement
PMA : Pays moins avancés
PVD : Pays en voie de Développement
PCMC : Programme de coopération monétaire de la CEDEAO
PSRP : Programme stratégique pour la Réduction de la Pauvreté
RCA : République centrafricaine
RASD : République Arabe Sahraouie Démocratique
RDC : République Démocratique du Congo
RDM : Reste du Monde
SADC : Communauté de Développement d'Afrique australe (Southern African Development Community)
SSRC : Southern Sudan Referendum Commission
UA : Union africaine
UCAD : Université Cheikh Anta Diop (Dakar, Sénégal)
UE : Union européenne
UEMOA : Union économique et monétaire de l'Ouest de l'Afrique
UMA : Union du Maghreb Arabe
ZMAO : Zone monétaire de l'Afrique de l'Ouest

RÉFÉRENCES BIBLIOGRAPHIQUES

Afrique de l'Ouest – Communauté européenne (2014), « Document de stratégie de coopération régionale et Programme indicatif régional pour la période 2008-2013 », Rapport de 2014.

Amaizo Yves Ekoué (2010), « Union monétaire et convergence : Efficacité dans les échanges et souveraineté africaine », Acte du premier congrès des économistes africains, Kenya, vol. 1.

Amalric Jacques (1998), *Les violences en Algérie,* éd. Odile Jacob.

Amevi Atiopou (2005), « Marchés financiers africains, Rendements exceptionnels, mais sérieux problème d'image limitant l'afflux de capitaux étrangers », Dossier économies.

Banque Mondiale (2006), « Données sur les dépenses militaires (% PIB) dans le monde ». www.banquemondiale.org

Badiane, O., Ghura D. Goreux, M. L., Masson, P. R. (2002), « Évolution des filières cotonnières en Afrique de l'Ouest et du centre », Banque mondiale et Fonds Monétaire International, Rapport de 2002.

Breton, Roland (2008), « Cartes de la répartition géographique des Peuls », Atlas des minorités dans le monde de 2008.

Buch, Claudia (1998), "Financial Market Integration in a Monetary Union", Kiel Document de travail 1062, Germany, Kiel Institute of World Economics.

Chavagneux Christian (2002), « Commerce : l'Afrique marginalisée », Alternatives Économiques, n° 207.

CNUCED, (2006), "Guide to Commodity based export Diversification and competitiveness", Strategies for African Countries.

De Bondt G.J. (1998), « Credit and asymmetric effects of monetary policy in six EU countries: an overview", De Nederlandsche Bank Staff Report.

Demange G. et J.-P. Ponssard (1994), Théorie des jeux et analyse économique, Paris, Presses universitaires de France.

Dornbusch R., Favero C.A. and Giavazzi F. (1998), "The Immediate challenges for the European Central Bank", Economic Policy, 26, 17-64.

Diop Birago (1961), Les Nouveaux Contes d'Amadou Koumba, Paris/Dakar, Présence africaine.

Diop Cheikh, A. (1993), Antériorité des civilisations nègres, mythes ou vérités historiques, Paris, Présences Africaines, 2e éd.

Diop Cheikh A. (1996), « Pour une méthodologie de l'étude des migrations des peuples en Afrique subsaharienne », Revue Ankh, numéro 4-5, 1995-1996.

Dorin, Bruno (2003), « De la fève ivoirienne de cacao à la plaquette française de chocolat noir ». Document CIRAD AMIS-36, CP-1602.

Eichengreen, B. (1998), « Does Mercosur Need a Single Currency ? » NBER document de travail 6821. Washington, D.C., National Bureau of Economic Research.

Fok Michel, A. C. (2007), « Rôles de l'État dans la construction et la restructuration des filières cotonnières en Afrique : analyse par la théorie des réseaux ». Les XXIIIes Journées du Développement de l'Association Tiers-Monde, Mons.

Frankel, J., et A. (1998), « Rose. The Endogeneity of Optimum Currency Area Criteria", The Economic Journal 108 (449) : 1009–25.

Friedman J. (1990), Game Theory with Applications to Economics, Oxford University Press.

Gafsi, M., Mbetid-Bessane, E. (2003), « Stratégies des exploitations cotonnières et libéralisation de la filière », Cahiers Agricultures 12 (4) : 253-260.

Gelbard, E., et S.P. Leite (1999), « Measuring Financial Development in Sub-Saharan Africa », FMI Document de travail 99/105. Washington, D.C., Fonds monétaire international.

Glick, R., et A. Rose (2001), « Does a Currency Union Affect Trade? The Time Series Evidence", NBER document de travail 8396. Washington, D.C, National Bureau of Economic Research.

Gningue Youssou (2009), « L'intérêt d'un état fédéral africain démontré par la théorie des jeux », Pambzuka, no. 36. www.pambazuka.org/fr/category/features/62674

Jacquemot Pierre, (2013), Économie politique de l'Afrique contemporaine, éd. Armand Colin.

Kreps David M. (1999), Théorie des jeux, Paris, Vuibert.

Lelart Michel (2002), « L'évolution de la finance informelle et ses conséquences sur l'évolution des systèmes financiers », Mondes en développement 3/(no 119), p. 9.

Levine, R. (1997), « Financial Development and Economic Growth: Views and Agenda", Journal of Economic Literature, 35(2), pp.688-726.

Loada Augustin (2012), « L'Économie Politique du Succès de la Filière Coton au Burkina Faso : Entre paradoxes et Incertitudes », Rapport 2012. www.future-agricultures.org

Mbetid-Bessane, E., Havard, M., Djondang, K. (2012), « Évolution des pratiques de gestion dans les EA familiales des savanes cotonnières d'Afrique centrale », Cahiers Agricultures, 15 (6) : 555-561 (2006).

Moulin Hervé (1981), *Théorie des jeux pour l'économie et la politique*, Hermann Paris.

Mundell, Robert (2002), « Does Africa Need a Common Currency ? », Forum pour le développement de l'Afrique (ADF III), 3–8 mars, Addis-Abeba, Commission économique pour l'Afrique.

Nash John (1951), « Non cooperative Games », Annals of Mathematics, vol. 45, p. 285-295.

Neumann and Morgenstern par von Neumann (1944), Theory of Games and Economic Behavior, Princeton University Press.

Ndiaye Guédel (1980), *L'échec de la Fédération du Mali*, Nouvelles Éditions africaines.

Nkrumah Kwame, (1964), L'Afrique doit s'unir, Études et Documents Payot.

Rose, A. (1999), « One Money, One Market: Estimating the Effect of Common Currencies on Trade", Seminar Paper 678. Stockholm : Stockholm University, Institute for International Economic Studies.

Rousseau, Peter L. and Sylla, Richard (2003), "Financial Systems, Economic Growth, and Globalization", in Globalization with Historical Perspective, Bordo, Taylor and Williamson.

Sékéné Mody Cissoko (2005), *Un combat pour l'unité de l'Afrique de l'Ouest : la Fédération du Mali (1959-1960)*, Nouvelles Éditions africaines du Sénégal, Dakar.

Serres, Michel (2009), *Le contrat naturel,* éd. Flammarion.

Shapley, L.S. and M. Shubik (1954), "A Method for Evaluating the Distribution of Power in a Committee System", American Political Science Review, 48, p. 787-792.

Sidibe Amadou (2007), « Ombres et Lumières sur les États-Unis d'Afrique », Pambzuka, no. 26.
www.pambazuka.org/fr/category/aumonitor/42352

SSRC (2011), « Southern Sudan Referendum: Final Results Report », 7 février 2011

Tubiana Jérome (2010), *Chronique du Darfour*, éd. Glénni.

Umbhauer G. (2004), *Théorie des jeux et modélisation économique*, Paris, Dunod.

UNESCO (2010), "Enrolment by level of education", Statistical Yearbook 2010, Statistical Yearbook 2010 (Fifty-fifth issue).

Wade, Abdoulaye (2005), *Un destin pour l'Afrique, l'avenir de l'Afrique*, éd. Michel Laffont.

William Reno (2010), « La sale petite guerre du Libéria », Politique africaine, N° 88.

Zoubir Yahia H. et Amirah-Fernandez H. (2010), Union du Maghreb arabe, Routeledge, New York.

(Footnotes)

1 www.populationdata.net (Populations arrondies, site consulté en mars 2011)

2 Banque Mondiale. « Données sur les dépenses militaires (% PIB) dans le monde », 2006.

www.banquemondiale.org (Les valeurs sont évaluées à partir de ces données)

3 CIA, World factbook – Version du Janvier 1, 2012 (Les valeurs sont évaluées à partir de ces données)

www.ingramcontent.com/pod-product-compliance
Lightning Source LLC
Chambersburg PA
CBHW072134270326
41931CB00010B/1763